CENTURY GERMAN SUBMARINE

德国 潜艇百年

主编

李方　张晓阳

国防工业出版社

·北京·

图书在版编目 (CIP) 数据

德国潜艇百年 / 李方，张晓阳主编.

北京：国防工业出版社，2011.6

ISBN 978-7-118-07628-8

Ⅰ.①德... Ⅱ.①李...②张... Ⅲ.①潜艇–
技术史–德国 Ⅳ.①U674.76

中国版本图书馆CIP数据核字(2011)第148766号

※

国防工业出版社出版发行

（北京市海淀区紫竹院南路23号 邮政编码100048）

北京宏伟双华印刷有限公司

新华书店经售

*

开本787×1092 1/16 印张13¼ 字数190千字

2011年6月第1版第1次印刷 印数1—4000册 定价39.00元

（本书如有印装错误，我社负责调换）

国防书店：(010)68428422 发行邮购：(010)68414474
发行传真：(010)68411535 发行业务：(010)68472764

《德国潜艇百年》编委会

主　　编	李　方　　张晓阳

主　　编　　李　方　　张晓阳

主　　审　　李彦庆

审　　校　　张信学　黄　冬　吴　镝

技术顾问　　马运义　严尊伦　王克强　周吉平

编写人员　（按姓氏笔划排序）

于　浩　王华荣　王桂波　田　威

刘鹏飞　李　明　李　佳　杨龙塾

何远玲　宋晓东　张义农　陈建峰

欧阳平　周国敬　施　璟　祝　燕

钱　胜　蒋玉惠

序

现代潜艇是以1900年4月"霍兰"号潜艇建成服役为起始标志，在20世纪迅速发展起来的一种主要在水下作战的舰艇，至今已走过了一百多年的发展历程。在过去的一个世纪中，潜艇以其独特的隐蔽性优势，在两次世界大战中展示了威风，在第二次世界大战之后的历次重大战争中也显示出强大的威力，引起世界各濒海国家的高度重视和一致青睐。同时，时代的变迁、战争的洗礼、科技的进步，推动着潜艇的战术技术性能不断提高，潜艇技术永不停息地向前发展。

在现代潜艇的发展历程中，德国潜艇虽然起步较晚，但因其坚持了正确的发展方针，不仅潜艇装备技术先进，对潜艇的发展产生了重大影响，起到了重要的推动作用，而且潜艇作战理论独具特色，作战效果也闻名于世。由此，在宏伟壮观的潜艇发展史册中，镌刻着闪耀众多亮点的德国潜艇发展的绚丽篇章。

几位从事潜艇工作的年轻人本着热爱事业、献身国防的一腔热忱，利用业余时间编著了《德国潜艇百年》一书，精神十分可嘉。该书既以第二次世界大战后德国潜艇的发展为重点，系统、详细地展示了德国潜艇装备和技术发展的历程，又全面、客观地反映了德国潜艇装备和技术独具的特色，尤其是还凝练了德国潜艇的重大关键技术及其发展趋向。这是一本内容丰富、颇具新意，使人受益匪浅的著作。该书的出版、发行，不仅将为我国潜艇装备和技术发展提供有益的借鉴，而且对我国从事潜艇论证、研究、设计、使用和教学的工作者启迪思路、开阔视野、感悟创新、把握方向，不断研发出高性能的潜艇及开创新的作战理念，适应我国海军战略转型对潜艇的需求，也具有现实而深远的重要作用。

马运义

2011年4月

前　言

　　德国潜艇的发展和战争是紧密联系在一起的，两次世界大战的爆发，成为推动德国潜艇快速发展的重要原因。

　　第一次世界大战期间，德国为了破除英国在海上对德国的封锁，以及破坏英国的海上运输线，开始大量建造小型U型潜艇，正式拉开了德国潜艇发展的序幕。而U型潜艇在实战中取得的巨大成功，也让世界开始认识到潜艇在海战中的重要性。潜艇这一曾被视为辅助性的防御武器，由此逐步上升为世界海战的重要作战力量。

　　第二次世界大战则把德国潜艇的发展推向了新的阶段。此时的德国潜艇无论在技术上，还是在战术应用上都发挥到了极致，一度让盟军损失惨重，甚至到了"谈艇色变"的地步。虽然德国潜艇最终未能扭转纳粹战败的命运，却为世界潜艇的发展留下了宝贵的遗产。

　　这些宝贵的遗产被美国、苏联、英国等国继承和发扬。德国战败后遗留下的潜艇让这些国家如获至宝，纷纷将德国潜艇先进的设计和技术应用到本国潜艇当中，对战后世界潜艇的发展产生了深远的影响。例如，在第二次世界大战后，美国立即将从德国缴获的U-XXI级潜艇作为母型，发展了"刺尾鱼"级潜艇（SS-563）。U-XXI级潜艇对美国潜艇发展的影响一直持续到"鹦鹉螺"号攻击型核潜艇和"大青花鱼"号试验型潜艇的研制。再如，德国潜艇装备的"沃尔特"汽轮机装置引发了世界上许多国家对潜艇AIP技术的极大关注，使得AIP技术成为世界常规潜艇动力发展的主要趋势。

　　斗转星移，几经沉浮，今日的德国潜艇又重新焕发出生机与活力，凭借着优越的性能，成为了世界军贸市场的宠儿。

　　鉴于德国潜艇在世界潜艇发展史上举足轻重的地位，以及德国潜艇在目前常规潜艇领域的引领地位，我们认为非常有必要对德国潜艇的发展进行全面的梳理，了解德国潜艇从诞生到逐步发展成为世界最先进潜艇的过程，对我国潜艇的发展有着非常重要的借鉴意义。为此，我们对德国潜艇相关资料进行了搜集和整理，经过多次修改后，最终形成了《德国潜艇百年》一书。

《德国潜艇百年》一书讲述了自第一次世界大战以来德国潜艇的发展全过程，特别是对第二次世界大战后德国潜艇的发展进行了更为详细的论述，希望通过挖掘其发展背后的故事，思考其快速发展的深刻原因，给人以启发，为我国潜艇管理决策者和型号研制人员提供参考、开拓思路，也为潜艇作战部队提供战术方面的借鉴。

本书主要分为五章。前三章是以时间为主线，将德国潜艇的发展划分三个阶段进行阐述，即第一次世界大战前后德国潜艇发展、纳粹时期德国潜艇发展、第二次世界大战后德国潜艇发展；第四章是德国潜艇未来发展；第五章是启示录。本书最后在附录中给出了德国潜艇发展的大事记。

第一章从第一次世界大战前德国为什么要发展潜艇开始，讲述了德国潜艇的诞生过程，阐述了德国潜艇在第一次世界大战期间发挥的重要作用和取得的辉煌战绩，并重点介绍了这一时期有着重要历史意义的典型潜艇。

第二章介绍了纳粹时期德国潜艇的发展。纳粹时期是德国潜艇取得突破性发展的阶段，无论是在潜艇技术上，还是在潜艇战术上，都对世界潜艇的发展产生了重要影响。该部分主要对这一时期德国潜艇的实战对抗进行了介绍，对一些重大技术进展予以了重点关注，同时对这一时期诞生的一些具有历史性意义的重大型号进行了详细解析，讲述了这些重大型号的发展背景和历程，分析了它们的技术特点。

第三章介绍了第二次世界大战后德国潜艇的发展。主要讲述了德国潜艇如何获得重生，以及德国如何重新成为世界潜艇强国。为使读者清晰地把握德国潜艇的发展脉络，本部分以型号发展为主线，介绍了第二次世界大战后德国潜艇发展的过程。

第四章介绍了德国潜艇未来的发展。该部分重点介绍了德国潜艇发展的技术方向，分析了德国潜艇技术未来的发展重点，总结出德国潜艇技术的未来发展趋势。

第五章是德国潜艇发展的启示。该部分主要是编者通过分析和梳理德国潜艇发展历史，总结出来的所思所想，希望对我国潜艇的发展有所启发。

本书的附录部分是德国潜艇发展大事记，按照时间序列对德国潜艇近一个世纪以来发生的重大事件进行了简要记录，以这种方式来清晰地反映德国潜艇发展的轨迹。

在本书编写的过程中，我们得到了马运义、严尊伦、王克强、周吉平等专家给予的宝贵建议和意见，在此对他们的帮助和指导表示衷心感谢。

我们希望通过《德国潜艇百年》一书，让读者详细了解德国潜艇的发展历史，力求准确、真实地反映德国潜艇的发展过程。但鉴于资料的局限性和作者水平所限，书中内容难免存在偏颇之处，诚请读者批评指正。

编　者
2011年3月

目录CONTENTS

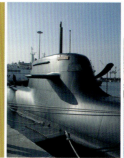

第三章
第二次世界大战后德国潜艇发展 / 029

第一章

PART 1

第一次世界大战前后
德国潜艇发展

　　德国潜艇发展起步较晚。第一次世界大战前，正当世界各国将潜艇作为一种新兴装备进行大力发展之时，德国却对发展潜艇兴趣不大。主要原因是德国海军当时更倾向于建设一支大型的水面舰队，另一个重要原因是当时潜艇处于初始发展阶段，在技术上还很不成熟，其动力装置采用汽油发动机，经常发生爆炸事故，也直接导致德国海军不敢贸然发展潜艇。

　　1902年，德国根据西班牙工程师的设计在本土尝试性地建造了德国的第一艘潜艇"鳟鱼"号。但这艘潜艇并没有在德国海军服役，在1904年被出售给沙皇俄国。直到1905年，德国海军才开始真正建造第一艘潜艇U-1。U-1潜艇于1906年12月14日正式服役，成为德国海军历史上的第一艘潜艇。

　　U-1潜艇采用双壳体结构，以煤油发动机作为动力，仅装备1具鱼雷发射管。第二艘潜艇U-2的武器得到加强，装备了2具鱼雷发射管，但直到U-19艇才用柴油机代替了原来的煤油发动机，潜艇的安全性和航速得到大幅提高。

　　到1914年8月第一次世界大战爆发时，德国海军已经建成了28艘潜艇，另有16艘正在建造当中。第一批4艘U型潜艇由于艇体太小无法投入实战，最后用作训练艇。剩余24艘作为作战潜艇，也称为"前线潜艇"，编为两个潜艇支队。

　　第一次世界大战期间，在英国皇家海军的强大压力和严密封锁下，处于劣势的德国水面舰艇部队在大部分时间里都龟缩在本国的港口内，不敢轻举妄动。而此时德国充分利用潜艇的优势，频频出击，承担起对敌攻击的大部分任务，先后通过有限制进攻作战和无限制潜艇战，重创了敌方的海上交通线，几乎切断了英国的海上经济命脉。

　　在1914年至1918年，德国海军用体积小（水下排水量小于1000t）、数量少（发动战争时仅有28艘）、速度慢（水面航速约12kn，水下航速不足10kn），而且本身不坚固、容易遭受敌人攻击的U型潜艇，取得了骄人的战绩。在开战后十周之内，英国皇家海军就有五艘战舰损失在U型潜艇的攻击中，尤其是1914年9月22日，U-9潜艇在著名的艇长奥托·魏迪

S 181

赓的带领下，在一个小时之内，以舰上仅有的六枚鱼雷击沉了皇家海军"阿布基尔"号、"霍格"号、"克雷西"号三艘排水量为12192t的装甲巡洋舰，造成英国60名军官和1459名水兵阵亡。U-9潜艇在创下丰硕战果的23天后，又击沉了一艘英国皇家海军排水量为7770t的"爱德加"级巡洋舰"老鹰"号。

德国潜艇虽然在第一次世界大战期间取得了辉煌的战果，但潜艇水下作战仍然需要克服许多不利因素的影响：首先，由于水下航速和续航能力有限，使潜艇很难追上攻击目标。其次，仅仅凭一名操作潜望镜的艇员进行搜索和判断，潜艇在水下航行时很难发现目标。而当潜艇在水面航行时优势则较为明显，大多数艇员都可以加入到侦察行列中，从而扩大了搜索范围。另外，由于潜艇外形轮廓小，在海面上不易暴露。发现目标后，潜艇习惯在水面实施追击和进攻，利用较快的航速，使攻击和撤离更加方便机动。正是由于这些原因，在战争早期，对于一些价值不大的目标，潜艇指挥官们一般会寻求在水面使用甲板火炮进行攻击，以节约价格昂贵的鱼雷。

在第一次世界大战爆发初期，根据国际法的相关规定，德国潜艇在执行任务前，首先需要准确识别拟攻击目标，这就要求潜艇必须浮出水面，派遣艇员对目标船只进行检查，从而确认对方是否属于合法的攻击目标。只有完全确认目标属于可攻击对象后，U型潜艇才可以将其击沉。在击沉目标之前，必须确保给予对方全体船员逃生的机会，必要时还应当给予一定的帮助。但是，在潜艇履行上述规则时，其自身的隐蔽性、突然性等战术优势就几乎完全丧失，所以潜艇在第一次世界大战前期一直战绩平平。德国亚历山大·达夫海军少将强调，在这种极富理性和人性的规则约束下，德国潜艇对协约国民用船只"将会秋毫无犯"。但是，德国海军部很快便否定了这一做法，颁布了一项新的法案，要求潜艇不必顾忌国际法的约束，可以采取更具有进攻性的战术对付所有的（无论是协约国还是中立国的）商船，一经发现全部击沉。根据这一新的法案，为了防止目标的逃脱，潜艇可以在潜航状态下发起攻击，从而大大提高了杀伤能力。

第一次世界大战中，潜艇作为新生力量发挥了重要作用。德国虽然是第一次世界大战的战败国，但它的潜艇作战成就远远超过了其他国家，其对潜艇的威力认识最深，对潜艇的作战理论也研究最透，所以在第二次世界大战的大西洋战场上，德国潜艇占据了主导地位，其凶恶的U型潜艇在历史上留下了浓墨重彩的一笔。

第一次世界大战前后，德国建造了多型常规潜艇，其中比较有代表性的是：U-1级、U-3级、U-43级、U-139级、U-B级和U-C级潜艇。

一、从无到有——U-1潜艇

U-1潜艇是德国装备的第一艘潜艇，在德国潜艇发展史上具有里程碑式的意义，它的产生存在着一定的历史必然性。19世纪中叶，德意志基本完成了工业革命。1867年—1871年，普鲁士王国在俾斯麦首相的带领下，建立了德意志帝国，实现了德国的统一，为德国发展彻底扫除了障碍，德国经济也节节上升。到19世纪末20世纪初，德国经济已经跃居欧洲第一。随着德国皇帝威廉二世的登基，德国开始抛弃俾斯麦首相制定的消极防御政策，积极向外扩张。为寻求海上的优势，实现与英国皇家海军的抗衡，德国在水面舰队不及英国皇家海军的情况下，开始寻求海军发展的突破点，将发展重点放在了刚刚出现不久的潜艇上。

在尝试性地建造了第一艘潜艇"鳟鱼"号，并出售给沙皇俄国后，德国海军决定成立潜艇建造办公室来负责德国海军潜艇建造事宜。不久，德国海军就与克虏伯公司签订了一艘潜艇的建造合同，这就是德国海军第一艘U-1潜艇。

U-1潜艇是一种小型的沿海潜艇，艇长为42.4m，水面/水下排水量仅为238t/283t。尽管该艇采用双壳体结构，但限于当时的建造工艺，U-1潜艇的下潜深度只有30m，艇员22名。由于当时汽油发动机容易发生爆炸，所以U-1潜艇采用2台煤油发动机和2台推进电机，配备2个3叶螺旋桨，水面航速达到了10.8kn，水下航速为8.7kn。U-1艇艇首装备了1具450mm鱼雷发射管和3枚鱼雷。由于U-1潜艇干舷非常低，在水面航行时容易上浪，适航性较差，非常不适合远洋航行，这是U-1潜艇的一个致命弱点。

U-1潜艇于1906年12月14日正式服役。服役后，德国海军针对U-1潜艇开展了多项海上试验，并利用该艇对艇员进行了训练。作为德国的第一艘潜艇，U-1潜艇尽管在性能上存在诸多不足，但它的诞生填补了德国海军在潜艇领域的空白，实现了德国海军潜艇部队"从无到有"的跨越，为德国后续潜艇技术发展发挥了重要的作用。

▲ U-1潜艇

二、螺旋发展——U-3级潜艇

U-1潜艇以及之后的U-2潜艇在性能上存在较大的缺陷，很难满足德国海军的需要，这使得德国海军对潜艇的期望值大幅下降。

这一时期，德国的两个主要军事竞争对手法国和英国的潜艇技术却取得了较大的进步。迫于竞争压力，德国重新对潜艇在未来战争中可能发挥的作用进行了评估，投入了大量的人力物力来发展潜艇技术。1909年初，德国制订了一项建造20艘U-3级潜艇的庞大计划，这是德国首次批量研制潜艇。

为了加快新技术的应用，德国决定分7批次建造20艘潜艇，用7年时间完成建造，逐步提高潜艇性能。由于建造时间不同，U-3级潜艇在动力装置、排水量、航速等方面都有所不同，但在武器配备方面基本上满足了德国海军的需求，每艘潜艇在首尾各配备2具鱼雷发射管，总共可以携带6枚鱼雷。

其中第一批U-3艇和U-4艇带有明显的试验性质，水面排水量为421t，水下排水量为510t，艇长53.1m，水面/水下航速为12kn/9.4kn。

第二批共有4艘潜艇。德国海军要求这批潜艇的排水量较第一批有所增加，每艘潜艇上配备了3台发动机，使得水面航速达到了13.4kn。

S 181

　　为了满足德国海军提出的性能指标要求，第三批建造了4艘潜艇，每艘潜艇装备了4台发动机，水面最高航速达到14.2kn，但未能达到德国海军提出的水面最高航速15kn的目标。第三批潜艇在下潜深度上有较大进步，下潜深度达到了50m，比前两批增加了20m。

　　第四批共3艘潜艇。相对前三批潜艇，这批潜艇在水面航行性能方面又有了进一步的提高，水面最高航速达到了14.8kn。

　　第五批仅有1艘潜艇，即U－16艇。该艇的水面最高航速达到了15.6kn，终于达到德国海军提出的水面航行速度目标。

　　第六批共2艘潜艇，装备了4台煤油发动机，水面最高航速为15kn。相对于前五批，这批潜艇的主尺度有较大程度的变化，排水量也适当增加。

▲ U－3级U－7艇

　　第七批共4艘潜艇（U－19～U－22）。这批潜艇实现了潜艇技术的新变革：一是从U－19艇开始，将煤油发动机换装为柴油发动机，解决了以前潜艇上煤油发动机工作时，排出的浓烟容易暴露潜艇活动的缺点。这4艘潜艇装备了2台8缸二冲程柴油发动机，总功率达到了1700马力（1250kW），排水量增加到837t，水面最大航速达到15.4kn；二是潜艇发射装置发生了变化，鱼雷发射管的口径由450mm增大到500mm。

　　U－3级潜艇采用分批次建造的方式，成功地实现了不同批次潜艇性能的逐步提升。时至今日，这种发展方式依然被广泛采用。

三、海上巨蛟——U－139级潜艇

　　U－139级潜艇是一种大型远洋潜艇，主要用于对敌方海上运输船只实施攻击。德国原计划建造40艘该型艇，共动员了4家船厂来建造。但是，由于开工建造时间较晚，到1918年第一次世界大战结束时，也只完成了4

艘潜艇的建造工作，另外36艘还处于建造过程中。在战争结束后，作为战胜国的法国获得U-139艇，并将其编入法国海军继续服役，直到1936年退役。

U-139级潜艇艇长达97.5m，水下排水量达2758t，续航力可达20000 n mile/水面航速8kn。相比于德国早期建造的排水量低于500t的小型潜艇而言，U-139级潜艇无疑称得上是当时的"海上巨蛟"，成为德国在第一次世界大战时期建造的最大潜艇。

U-139级潜艇配备了强大的武器装备，共装备了6具500mm鱼雷发射管，其中艇首4具、艇尾2具，还配备了2座150mm舰炮。只是U-139级潜艇生不逢时，并没有在战争中真正展示出其"巨蛟"的本色。

四、地中海精灵——U-B级潜艇

U-B级潜艇最初设计为单壳体携带鱼雷的小型潜艇，水面/水下排水量仅为127t/142t，主要用于在沿海海域活动。随后改进成双壳体潜艇，可用于远洋作战。德国共研制了3型140艘U-B级潜艇，其中包括17艘U-BⅠ级、30艘U-BⅡ级、93艘U-BⅢ级。

第一艘U-BⅠ级潜艇由位于基尔的日尔曼尼亚船厂建造，整个建造过程仅仅用了75天，比原计划的4个月提前了很多。该艇进行了101天海试，表现出相当出色的机动性。此外，这些小艇后来被证明同样可以在远海航行。

U-BⅠ级潜艇服役之后，部分被运往地中海作战，另外一部分送给了奥匈帝国。

在U-BⅠ级潜艇成功研制之后，德国对其进行了设计改进，制成了U-BⅡ级潜艇。相比于U-BⅠ级潜艇，U-BⅡ级潜艇的排水量增加了一倍，达到了292t，长度增加了8m。为了存放更大、更具威力的鱼雷，将鱼雷发射管的口径由450mm变为500mm。潜艇上油舱进一步增大，使潜艇活动范围增加到6650n mile。此外，部分U-BⅡ级潜艇除了在艇首安装两具鱼雷发射管外，还在指挥台围壳两侧各装备一具外置

▲ U–BⅠ级潜艇

式鱼雷发射管。

由于U–BⅠ、U–BⅡ级潜艇的排水量仍然较小，无法适应作战需求，为此，德国在此基础上设计了U–BⅢ级潜艇。U–BⅢ级潜艇的排水量进一步加大，水下排水量达到了651t，在水面航速6kn情况下续航力达到9040n mile。该级潜艇即是第二次世界大战期间取得巨大成功的U–VⅡ级潜艇的前身。

U–BⅢ级潜艇服役之后，大部分部署在地中海一带，另外一部分则用于近海布雷，成为活跃在地中海的"小精灵"。

五、布雷专家——U–C级潜艇

U–C级潜艇是德国设计的布雷潜艇，共研制了3型93艘，其中包括15艘U–CⅠ级、64艘U–CⅡ级和14艘U–CⅢ级潜艇。

U–CⅠ级潜艇是专门用于布雷的小型潜艇，排水量较小，水下排水量为183t，可以通过火车运输。

U–CⅠ级潜艇最大的技术特点是未安装鱼雷发射管，而是装备了6具水雷布放管，每具可以容纳2枚水雷，每艘潜艇可以携带12枚水雷。

U–CⅡ级潜艇在U–CⅠ级潜艇的基础上进行了改进设计，排水量和主尺度都有所增加，排水量达到了511t，潜艇的续航力也得到提高，在水面航速7kn情况下续航力达到8000n mile，携带水雷数量达到16枚。

此外，U–CⅡ级潜艇的作战能力进一步增强，除了可进行水雷布放之外，还安装了3具鱼雷发射管，可以携带7枚鱼雷，另外还安装了1座88mm舰炮。

U–CⅢ级潜艇在U–CⅡ级潜艇的基础上进行了改进，水下排水量达到了571t，提高了续航能力，水面航速6kn情况下续航力增加为9040n mile，

S 181

壳体形式也由原来的单壳体变为双壳体，携带的水雷数量为14枚。

德国原计划建造113艘该级潜艇，但到第一次世界大战结束时只建造了14艘，另有10艘基本完工，战后被英国和法国等国接收。

▲ U-BⅢ级潜艇U-B38艇

德国潜艇百年
CENTURY GERMAN
SUBMARINE

S 181

第二章

PART 2

纳粹时期
德国潜艇发展

1918年11月11日第一次世界大战结束。从1902年建造第一艘潜艇开始，德国潜艇技术经过十几年时间的发展，虽然建造工艺比较粗糙，部分型号潜艇带有试验性质，但是，其潜艇技术已经取得了相当大的进步。第一次世界大战中，德国潜艇所取得的巨大战绩，对协约国产生了深远的影响。各协约国极力渲染潜艇带来的威胁，英国甚至愿意以牺牲整个水下舰队为代价，促成各国领导人颁布国际禁令废除潜艇，但由于法国的阻挠而未能实现。

为了限制德国海军的发展，根据"凡尔赛和约"规定，德国不能装备潜艇或建造出口型潜艇。1935年3月，希特勒撕毁合约拒绝执行此项约束，仅仅三个月之后，第一次世界大战后德国制造的第一艘潜艇——U-1艇便于6月15日下水。随后，协约国继续纵容德国发展潜艇。根据1935年6月18日签订的"英德海军协定"，德国未来潜艇部队规模必须控制在英国潜艇部队规模的三分之一以内。之后，英国又允许德国潜艇部队扩大到与英国潜艇部队一样的规模。至1935年9月，德国共建造了9艘潜艇，并成立了一支潜艇部队——"魏迪庚"潜艇部队，其指挥官便是大名鼎鼎的邓尼茨。至1935年底，德国已经拥有了24艘潜艇。

这一时期，德国非常重视潜艇装备的发展，投入了大量的人力和物力来研制新型潜艇，德国潜艇技术在短短几年之内得到了恢复，在第二次世界大战爆发之前，德国已建造了57艘潜艇。

第二次世界大战爆发前，德国已经将17艘潜艇部署在大西洋上，开战之后，这些潜艇可立即投入战斗。1939年9月，第二次世界大战爆发，仅仅两个星期之后，德国潜艇就取得了辉煌的战果。1939年9月17日，德国潜艇击沉英国皇家海军"勇敢"号航空母舰；10月，德国潜艇秘密潜入斯卡帕湾，偷袭英国皇家海军"皇家橡树"号战列舰，使这艘排水量为33000多吨的战列舰在短短十几分钟的时间内沉没，包括舰队司令在内的近800名官兵全部葬身海底。潜艇所取得的战绩给了德国海军巨大的信心，使其更加积极发展潜艇部队，利用潜艇攻击盟军舰队成为德国海军的主要战术。

S 181

截止到1939年底，在短短数月之中，德国潜艇已经击沉盟国和中立国船只114艘，总吨位达42万吨。从1940年9月开始，德国潜艇实施"狼群"战术。

德国潜艇部队所使用的"狼群"战术的创始人是德国海军元帅邓尼茨。邓尼茨在第一次世界大战时期就担任潜艇指挥官，他经反复研究后得出结论，护航舰艇仅能对付单艇攻击，而无法对付协同一致的潜艇群发起的攻击。通过进一步的探索，邓尼茨认为最好的作战方法就是将潜艇部队组成一个宽阔的"凹面"，在敌方的舰队进入后，最先发现敌舰的潜艇开始后撤，同时把敌舰的位置通知指挥部，诱敌深入后，指挥部命令阵内各艇从敌方舰队的侧翼和后方向敌舰靠近，待夜幕降临之时，形成"口袋"阵型的潜艇像"狼群"一样向目标发起攻击，使敌护航兵力顾此失彼，从而给敌方舰队以毁灭性打击，这就是著名的"狼群"战术。

1941年12月珍珠港事件后，德国对美国宣战。这时德国潜艇数量有了很大增长，邓尼茨的"狼群"终于有了大显身手的好机会。1940年—1942年的三年间是德国潜艇的辉煌时期，1942年则是德国潜艇的"黄金年代"，每艘潜艇的日击沉量在100t~200t之间，最高时可达1000t。在1942年年初的四个月之内，德国潜艇共击沉了美国船只500余艘，总吨位达300万吨。

在整个第二次世界大战期间，德国共有1131艘潜艇投入战争，战果丰

硕，共击沉盟军舰船2882艘，重创264艘，盟军舰船损失的总吨位为1440万吨（详见表1）。但是德国也付出了惨重的代价，共有807艘潜艇被盟军击沉。

表1　第二次世界大战期间德国潜艇战果

型　号	击　沉	击　伤
舰队航空母舰	3	—
护航航空母舰	3	2
战列舰	2	3
轻型巡洋舰	5	6
布雷巡洋舰	1	1
驱逐舰	34	11
护航驱逐舰	18	13
护卫舰	2	4
小型护卫舰	26	3
小型护航舰	13	4
远洋探雷舰	10	—
潜艇	9	—
海岸猎潜艇	3	—
炮艇	1	—
快艇、扫雷艇	3	1
登陆舰艇	13	—
补给船	2	—
海上飞机补给舰	1	—
总计	149	48

注：德国潜艇共击沉2882艘舰船，计14408422总吨位；击伤264艘舰船，计1989703总吨位

德国潜艇咄咄逼人的攻势使盟国遭受了重大损失，其中尤以英国受害最深。为了保住至关重要的海上交通线，英国人绞尽脑汁，研制出多种反潜装备应对德国潜艇。随着战争的不断升级，双方对潜艇战的重视也进一步促进了潜艇技术的发展，主要体现在声纳、雷达、探照灯、通气管、"沃尔特"汽轮机装置等几个方面。

· 声纳

早在第一次世界大战期间，英国人就利用水听器来搜索潜艇，但这种原始设备所起的作用十分有限。第一次世界大战结束之后，英国皇家海军投入大量的精力来发展声纳。到1935年，皇家海军舰队中半数以上的驱逐舰都装备了声纳。第二次世界大战爆发后，英国将声纳投入了实战，并根据实战经验进行了改进。1939年，英国在声纳装置上加装了距离显示器，它可以指示投放深水炸弹的最佳时机，声纳性能的明显提高，为最终打败德国"狼群"发挥了重要作用。

· 雷达

1936年，英国成立了雷达研制小组。1937年，一部波长为1.5m的雷达安装在"安桑"式飞机上，9月3日进行了首次试验，结果"安桑"式飞机在8000m外收到了"罗德"号战列舰等舰艇的清晰信号。早期雷达由于性能较差，在反潜战方面存在一定的问题，但随着磁控管的出现，这种局面得到了极大的改变，英国以此技术为基础成功研制了10cm波长的高清晰度271型雷达。1942年，一艘英国军舰用271型雷达发现了在6400m外航行的德国U-252潜艇，并将其击沉。随着更先进的272、273雷达的出现，英国在反潜作战方面掌握了一定的主动权。

· 探照灯

由于当时雷达的最小探测距离仅大于夜间目视距离，所以潜艇夜间水面航行时，几乎总能避开空中攻击。针对这个问题，英国一名军官提出了使用探照灯搜潜的设想，在克服了一系列困难后，探照灯装备在"惠灵顿"式轰炸机上。1941年7月5日，英国利用探照灯击沉了德国U-502潜艇。在探照灯投入使用后，德国潜艇失去了夜间自由活动的"豁免权"。

S 181

・通气管

随着盟军新式反潜装备相继投入战场，迫使德国不得不改进提高潜艇的性能，特别是装备了高性能机载搜索雷达的盟军战斗机加入反潜战之后，德军潜艇被迫在大部分时间内改为在水下活动，以减少被盟军发现的概率。为提高潜艇隐蔽性，减少潜艇水面充电时间，1943年，德国海军的工程师们终于研制出通气管装置，该装置可大幅提高潜艇的隐蔽性，从而极大减小了被雷达发现的几率。受限于当时的技术环境，通气管在潜艇上的应用还存在一定的问题，并带来了一系列的技术风险。但是，通气管装置无疑将潜艇技术向前推进了一大步，并对战后潜艇技术的发展产生了深远的影响。第二次世界大战结束之后，世界各国都借鉴了这种技术，纷纷在本国潜艇上装备了通气管装置。

・"沃尔特"汽轮机装置

第二次世界大战期间，德国在潜艇技术方面另外一个引人注目的成就就是"沃尔特"汽轮机装置，该装置利用过氧化氢能在封闭环境下产生氧气供动力装置使用，使潜艇能够在水下进行长时间的连续潜航。1944年春季，德国建造了装备"沃尔特"汽轮机装置的U-XVII级潜艇，该级潜艇水面航行时使用柴油机，航速为8.5kn，水下高速航行时则使用"沃尔特"汽轮机装置。1944年12月，U-XVII级潜艇的首艇U-1405艇完工，试航时最高水下航速为21.5kn。"沃尔特"汽轮机装置对于战后常规潜艇AIP的研制起到了很大的推动作用。

第二次世界大战期间，纳粹德国建造了多型不同用途的常规潜艇，如鱼雷作战艇、油料补给艇、布雷艇。其中有突出代表性的潜艇分别是：U-II级、U-VII级、U-IX级、U-XVII级和U-XXI级。

一、水兵摇篮——U-II级潜艇

U-II级潜艇是德国在1934年—1940年间设计的，参考了德国潜艇设计师在第一次世界大战时期为荷兰海军设计的U-BII级潜艇。德国在此基础上首先设计出U-IIA级，随后又陆续发展了U-IIB级、U-IIC级和

▲ U-ⅡA级潜艇首艇U-1

U-ⅡD级。

U-Ⅱ级潜艇延续了第一次世界大战时期潜艇的设计特点，主要用于近海作战。不过，随着改进型的不断发展，排水量不断增大，续航力逐渐增加，具备了一定的远洋能力。

U-Ⅱ级潜艇共研制了4型49艘，其中包括5艘U-ⅡA级、20艘U-ⅡB级、8艘U-ⅡC级和16艘U-ⅡD级。

U-ⅡA级潜艇是一种试验型潜艇，共建造5艘，在1934年—1935年间相继服役，是德国在第一次世界大战结束之后建造的首批潜艇，标志着纳粹德国潜艇工业的复苏。

U-ⅡA级潜艇水面/水下排水量为254t/303t，艇长40.9m，装备了2台柴油机，功率达到了700马力(515kW)，水面/水下最大航速为13kn/6.9kn，下潜深度达到了150m，在艇首配备了3具533mm鱼雷发射管，可装载鱼雷5枚。U-ⅡA级潜艇具有先进的作战能力，服役之后主要作为训练艇使用，为培训德国海军潜艇艇员做出了巨大的贡献，堪称德国的"水兵摇篮"。

U-ⅡB级潜艇是在U-ⅡA级潜艇的基础上设计的，共建造20艘，于

▼ U-ⅡB级U-10艇

S 181

▲ U-ⅡB级U-19艇

1934年—1940年期间服役。U-ⅡB级在U-ⅡA级的基础上将艇体延长了1.8m，排水量增加到328t，增加了舱内燃油舱容积，提高了续航力，水面航速12kn时续航力可达1600n mile。

U-ⅡB级潜艇最初也用作艇员培训，后期为了切断苏联的补给线，将其中的6艘部署在黑海作战，取得了骄人的战果。U-20艇仅参加了8次作战，就击沉了10艘运输船，总吨位为37808t。

▲ U-ⅡB级潜艇推进器

U-ⅡC级潜艇是U-ⅡB级潜艇的改进型，共建造8艘，于1934年—1940年期间服役。U-ⅡC级潜艇的艇体延长了1.2m，水下排水量增加到341t，燃油储备量增加了23t，活动范围不再局限于北海，可以扩展到大西洋海域。

U-ⅡC级潜艇除了用于训练艇员之外，还用作攻击运输舰队，切断敌海上交通运输线。其中，U-61艇参加了10次作战，共击沉6艘舰船，总吨位为20754t。

U-ⅡD级潜艇是U-ⅡC级潜艇的改进型，最大变化是在艇体外侧增加了鞍形水舱，加大了燃油储量，水下排水量达到364t，水面航速12kn时续航力为3450n mile。

由于续航力得到了大幅提高，U-ⅡD级潜艇的活动范围进一步扩大，

▲ U–ⅡC级U–57艇

可以到达英国西海岸和比斯开湾一带海域执行作战任务。

二、大洋群狼——U–Ⅶ级潜艇

U–Ⅶ级潜艇是德国根据第一次世界大战时期的U–BⅢ级潜艇研制的，按初始设计建造了10艘（即U–ⅦA级），随后在此基础上改进建造了24艘U–ⅦB级潜艇。第二次世界大战的到来加速了改进，1940年9月，第一艘U–ⅦC级潜艇下水，随后陆续建造了600多艘后续艇，使该级潜艇的数量规模空前。另外，德国还改进设计了6艘U–ⅦD级水雷布放型潜艇和4艘U–ⅦF级鱼雷运送艇。

U–Ⅶ级潜艇被认为是德国当时最先进的主战潜艇，直到后来被更加先进的U–XXI级潜艇取代。然而，U–Ⅶ级潜艇在设计上存在很多缺陷，例如：U–ⅦA级潜艇的鱼雷发射管位置比耐压壳体高出很多，这种设计在夏季不存在问题，但到了冬季，鱼雷发射管的蒸汽会结成冰，使整个系统瘫痪；全艇缺乏有效的通风系统，只能通过氢氧化钠去除过多的二氧化碳，每个人都通过呼吸筒呼吸，严重妨碍了艇员的行动。后续艇在设计时进行了改进，主要包括增加耐压壳体厚度以增大下潜深度，内部机械连接采用柔性安装等，虽然适居性改善不大，却提高了潜艇的生命力。

U–Ⅶ级潜艇担负了大西洋、南非海岸、地中海以及美国东海岸区域的主要战斗任务，曾在热带水域、北极水域进行部署，是德国在第二次世界大战时期的主力作战潜艇之一。

U–Ⅶ级潜艇共研制了4级734艘，其中包括10艘U–ⅦA级、24艘U–ⅦB级、626艘U–ⅦC级和74艘U–ⅦC41级。

德国在设计U-ⅦA级潜艇时，考虑增加潜艇的远洋作战能力。但是受限于"英德海军协定"，潜艇的排水量又不能增大。德国将U-ⅦA级潜艇的水面/水下排水量定为626t/745t，艇长64.51m，属于中型潜艇，但具有一定的远洋能力。该艇装备2台MWM柴油机，水面/水下航速达到16kn/8kn，具有比较出色的水下机动性，攻击能力也比较优秀，满足了德国海军的要求。

第二次世界大战期间，U-ⅦA级潜艇参加了多次作战，也成就了历史上几次重大事件：U-27潜艇于1939年被英国皇家海军击中，在即将沉没之际，英军士兵登上该艇，成功夺取了极为宝贵的密码本；1939年9月3日，U-30潜艇将开往美国的13581t的"雅典"号客轮击沉，成为第二次世界大战期间最野蛮的事件之一；U-32潜艇击沉了42350t的"英国女皇"号豪华客船，该船是第二次世界大战期间德国海军击沉的吨位最大的民用船只。

▲ U-ⅦA级U-27艇

▼ U-ⅦA级U-35艇

▲ U-VIIA级潜艇U-36上的88mm舰炮

　　由于U-VIIA级潜艇的最大缺点是续航力不足，因此，德国在其基础上研制出了U-VIIB级潜艇。U-VIIB级潜艇的最大改进之处是将艇体加长，水下排水量达到857t，增加了燃油舱的容积，使续航力增加了约2500n mile，水面航速10kn情况下航程可达8700n mile。

　　U-VIIB级潜艇作为一种中型潜艇，综合性能基本满足了德国海军的作战需要，从第二次世界大战爆发后到1941年期间，成为了德国在大西洋战场上的主力潜艇。

　　第二次世界大战期间，U-VIIB级潜艇在战场上创造了多项骄人战绩，

其中最著名的两艘潜艇分别是U-46和U-48：1939年10月，U-46艇成功潜入英国海军设在斯卡帕湾的海军基地，偷袭了"皇家橡树"号战列舰，并将其击沉，震惊了世界；U-48艇在北大西洋和北海共参加了12次海上作战行动，击沉盟军53艘舰船，总吨位为30498t，成为第二次世界大战期间击沉盟军舰船数量最多的德国潜艇。

▼ U-VIIB级U-51艇

▲ U–ⅡC级U59艇的20mm机枪

U–ⅦC级潜艇在U–ⅦB级潜艇的基础上进行了改进设计，主要体现在：艇体加长了1m，增加了燃油舱容积，排水量有所增加，水下排水量为871t，在艇体外形、动力装置和武器配备等方面都未作任何变化。

U–ⅦC级潜艇的一个最大突破是在建造过程中采用了分段建造法，艇上零部件采用统一的标准件，建造过程中全面实现质量管理，加快了建造速度，短时间内即建造了626艘。自1941年之后，U–ⅦC取代U–ⅦB作为德国在大西洋战场上的主力潜艇，成为了名副其实的"大洋狼群"。

在U–ⅦC级潜艇的基础上德国还设计出了U–ⅦC41级潜艇和U–ⅦC42级潜艇。U–ⅦC41级潜艇的最大变化是艇体厚度有所增加，从之前的18.5mm增加到21mm，增大了下潜深度；U–ⅦC42级潜艇的最大设计变化是艇体加长了0.8m，燃油舱容积进一步加大，在水面10kn航速情况下，续航力达到10000n mile。但是，由于德国海军将发展重点转向水下高速潜艇，U–ⅦC41级潜艇仅建造完成了74艘，有109艘中途停止建造，174艘U–ⅦC42级潜艇的订单也被取消。

三、远洋孤狼——U–Ⅸ级潜艇

U–Ⅸ级潜艇是德国在1934年—1935年间，在第一次世界大战时期建造的U–81潜艇的基础上以U–ⅠA级潜艇为母型，改进设计的双壳体远洋潜艇。该级潜艇增加了续航力和武器负载数量，提高了远洋作战能力，装备了特殊通信设备，可兼作海上移动指挥中心。

U–Ⅸ级潜艇共研制了5级194艘，其中包括8艘U–ⅨA级、14艘

S 181

▲ U-IX级潜艇

U-IXB级、54艘U-IXC级、89艘U-IXC40级和29艘U-IXD级。

U-IXA级潜艇是U-IA级潜艇的改进型，主要增加了续航力和武器负载数量，水下排水量增加到1178t，鱼雷数量从14枚增加到22枚，水面续航力超过了10000n mile/10kn，水面/水下航速达到18.2kn/7.7kn。

U-IXA级潜艇虽然只建造了8艘，但是其中两艘在德国潜艇发展过程中具有重大意义：U-39艇在攻击英国海军的"皇家方舟"号航空母舰过程中，由于鱼雷故障提前暴露，于1939年9月14日被击沉，成为第二次世界大战期间德国损失的第一艘潜艇；U-37艇在第二次世界大战期间，共参加了11次作战行动，击沉盟军舰船51艘，总吨位19.05万吨，在击沉盟军舰船数量方面居于第二位，仅次于U-48艇。

U-IXB级潜艇是U-IXA级潜艇的改进型，主要增加了燃油舱的容积，两者在排水量、动力装置、武器负载和艇员数量等方面基本一致。第二次世界大战期间，U-IXB级主要在北美、南大西洋一带进行海上作战。其中，在1941年下半年到1943年初，U-108潜艇共参加了11次作战行动，击沉舰船25艘，总吨位12.8万吨。

U-IXC级潜艇是U-IXB级潜艇的改进型，主要增加了排水量和燃油舱容积，排水量从1178t增加到了1232t，航程从10000n mile增加到13450n mile，下潜深度增加到165m左右。

由于具有较强的续航能力，U–IXC级潜艇可以独自深入敌后开展作战行动，成为游弋在大洋中的"孤狼"。第二次世界大战期间，U–IXC级潜艇作战范围扩展到亚太地区。其中，U–510艇曾于1944年经新加坡到达了日本的神户港，该级艇的另外一艘U–505艇在西非海域被美国军舰俘获，被运到美国的展览馆作为展品展出。

U–IXC40级潜艇在U–IXC级潜艇的基础上增加了排水量，从1232t增加到1257t，航程从13450n mile增加到13850n mile，其他性能方面基本保持一致。

U–IXD级潜艇与U–IXA、U–IXB和U–IXC级潜艇完全不同，初始设计为长途运输艇，加长艇体，不携带武器，加装了艇员住舱，配备了第二套经济型发动机。在U–180和U–195艇建成之后，由于缺乏武器系统，对潜艇行动极为不利，因此，德国又在这些潜艇上加装了武器系统，U–180和U–195艇被称为U–IXD1级，后续艇被称为U–IXD2级。

U–IXD2级潜艇的设计目的是将其部署在开普敦，并有可能深入印度洋西部，牵制盟军的反潜部队，减小北大西洋日益增加的军事压力。因此，U–IXD2级潜艇采用了节省燃料的发动机，并增大了艇员生活空间，潜艇耐压壳加长近11m，大大增加了潜艇燃料舱容积，航程达到了31500n mile，装载鱼雷数量达到了24枚。

四、AIP先驱——U–XVII级潜艇

U–XVII级潜艇是德国1942年开始研制的新型潜艇，其最大技术特征是装备"沃尔特"汽轮机装置。当仅采用该装置时，潜艇在水下航速26kn情况下的续航力为80n mile。

为了提高水下航速，U–XVII级潜艇在设计上作了许多改进：采用封闭式指挥台围壳代替原来的敞开式指挥台；取消甲板上装备的舰炮和机枪；尾舵呈十字形布置，提高高航速情况下的操纵性。U–XVII级潜艇的诸多改进，成为第二次世界大战之后世界各国海军提高潜艇水下航速的借鉴和参考。

  U–XVII级潜艇共研制了2级7艘，分别是4艘U–XVIIA级和3艘U–XVIIB级潜艇。

  U–XVIIA级潜艇分别由布洛姆·冯·福斯公司和克虏伯公司的杰默尼亚造船厂建造。由于建造船厂的不同，4艘潜艇在排水量、主尺度等方面存在一定差异，但是在动力装置、武器装备和艇员配备等方面完全一样，总体性能基本一致。

  U–XVIIA级潜艇在德国战败之后全部自沉海底，但是其中2艘被英国打捞起来，并运回英国用于研究"沃尔特"汽轮机装置，为常规潜艇AIP技术作出了一定的贡献。

  U–XVIIB级潜艇是在U–XVIIA级潜艇的基础上研制的，共建造了3艘，由布洛姆·冯·福斯公司建造。与U–XVIIA级潜艇相比，U–XVIIB级潜艇仅仅装备了一台更为复杂、功率更大的"沃尔特"汽轮机装置，水下航速可达21.5kn，水下排水量增加到377t，水面航速8kn情况下续航力为3000n mile。

  第二次世界大战结束后，U–XVIIB级潜艇在德国的库克斯港自沉，英国在占领该港口之后，将U–1407艇打捞运回英国，进行修复后使其在英国海军服役。在此期间，英国利用该艇对"沃尔特"汽轮机装置做了进一步的研究。

五、幕后英雄——U–XXI级潜艇

随着第二次世界大战的进行，盟军的搜索和反潜作战能力逐渐加强，使德国以水面状态航行为主的U–VII级和U–IX级潜艇的损失迅速增加，基本上无法在大西洋上开展有效的作战活动。

1942年底，德国急需新型潜艇应对空中威胁和护航舰队防御能力不断增加的现实。其中，最关键的是要提高水下航速。但由于用来提高水下航速的新型推进系统还处于试验阶段，尚不具备装艇条件，因此，德国潜艇设计人员提出基于现有技术，采用常规艇型及双壳体结构，下半部耐压艇体作为蓄电池舱，增加电池数量，提高水下航速，这就促成了U–XXI级潜艇的诞生。

为了进一步提高航速，德国在设计U–XXI级潜艇时，将艇体和指挥台围壳设计成流线型，进一步减小了艇体阻力。U–XXI级潜艇的水面/水下排水量为1621t/1829t，艇长为76.7m，采用了2台柴油机和2台巡航推进电机，水面/水下最大航速为15.6kn/17.5kn，下潜深度达到了210m，装备6具533mm鱼雷发射管，配备23枚鱼雷，具有较强的作战能力。

德国在建造U–XXI级潜艇的过程中也采用了分段式建造方式，大幅加快建造速度，使得U–XXI级潜艇成为德国在第二次世界大战期间建造数量最多的大型潜艇（排水量超过1000t），到1943年11月，共签署了170艘潜艇订单，在1945年4月德国投降前，共建造了119艘U–XXI级潜艇。

尽管德国在第二次世界大战结束之前建造了大量的U–XXI级潜艇，但

▼ U–XXI级潜艇的首部分段

S 181

德国潜艇百年
CENTURY GERMAN SUBMARINE

▲ 处于焊接状态的U-XXI潜艇分段

是由于油压系统的故障等问题，绝大部分潜艇没有投入战场，其中只有U-2511艇和U-3008艇执行过作战任务。

虽然U-XXI级潜艇在实战中发挥的作用较小，但是，U-XXI级潜艇所具有的出色性能引起了盟军各国的重视，美国、苏联、英国、法国等国在战后都获得了不同数量的U-XXI级潜艇。这些潜艇为战后各国潜艇的高速发展奠定了重要基础，是现代潜艇发展的"幕后英雄"。

▼ 战后德国船厂中停放的U-XXI级潜艇

第三章

PART3 第二次世界大战后德国潜艇发展

第二次世界大战结束之后，作为战败国，德国被英国、美国、苏联和法国占领。德国已经装备和正在建造的潜艇或被拆解、凿沉，或被美、英等国瓜分，已无潜艇在役，国际社会也禁止德国建造潜艇。此外，战后德国的潜艇工业基础遭到严重破坏，人员大量流失，基本丧失了潜艇建造能力。

1955年9月5日，联邦德国成为北约的第15个成员国，西方社会对抗苏联的需求成就了联邦德国建造潜艇的政治条件。1957年，根据达成的协议，北约允许联邦德国建造防御性武器。联邦德国只能建造排水量为350t的潜艇，在此之后，逐渐放宽到450t、1000t。到目前为止，德国装备的212A级潜艇的排水量已经达到了1450t。

在获得批准可以建造潜艇之后，为了降低技术风险，联邦德国并没有匆忙启动潜艇项目。同时，为了摆脱对美英技术的依赖，联邦德国决定利用之前留下的技术，并对已经被凿沉或拆解的潜艇进行研究，打捞某些合适的潜艇作为新潜艇的设计基础。通过认真研究，基于当时的技术基础，联邦德国决定打捞2艘U–XXⅢ级潜艇，并以此作为母型，设计了战后的第一艘试验型潜艇。通过该试验型潜艇，德国积累了潜艇设计和使用经验，为后续潜艇的发展奠定了基础。

第二次世界大战结束之后，除了第一艘试验艇之外，德国共装备过38艘5级潜艇，分别是3艘201级、2艘202级、11艘205级、18艘206级和4艘212A级。目前现役有8艘206级、4艘212A级，另有2艘212A级潜艇在建，计划2012年和2013年服役。

受限于本国装备潜艇的数量和吨位，促使德国潜艇工业转向出口市场。利用出口来维持本国潜艇工业基础、促进潜艇技术发展成为德国的一项重要发展策略。为了更好地促进潜艇出口，德国专门成立了潜艇出口集团，负责潜艇的设计、建造和推销工作。德国分别在205级、212A级潜艇的基础上研制出了用于出口的209级和214级潜艇。209级潜艇由于综合性能较好、价格较低，受到诸多国家的青睐，已经出口到希腊、阿根廷、秘鲁、土耳其、哥伦比亚、委内瑞拉、印度尼西亚、巴西、厄瓜多尔、韩国和印度等国，数量超过了50艘。214级潜艇由于装备了燃料电池AIP系

S 181

统，显著提高了潜艇的水下潜航时间，已经出口到韩国、土耳其和希腊，未来出口对象将会进一步扩大，有望成为未来常规潜艇市场的主力。

鉴于潜艇在两次世界大战中所取得的辉煌战绩，德国非常重视潜艇技术研究，积极开展新技术研究和探索，在多个方面处于技术领先地位，其中比较典型的是在AIP技术和潜射防空系统方面。

· AIP技术

早在第二次世界大战期间，德国就研制了"沃尔特"汽轮机装置，用来延长潜艇的水下潜航时间，但是由于入役时间较晚，该装置未能在第二次世界大战中发挥重要作用。第二次世界大战之后，在德国获得潜艇的研制资格之后，重新开始了潜艇AIP系统的研究，并于20世纪80年代在燃料电池和闭式循环柴油机方面取得了重大突破。通过实艇试验，德国最终选择燃料电池作为212A级潜艇的AIP系统。212A级U-31艇成为首艘装备质子交换膜燃料电池的潜艇，带动了常规潜艇AIP技术的发展。目前，英国、西班牙、法国、瑞典和俄罗斯等国都在开展AIP相关技术研究，并取得了一定突破。

· 潜射防空系统

反潜技术的不断发展和潜艇作战范围的不断扩展，对潜艇提出了新的挑战，为了使潜艇能够更好的应对来自空中的威胁，改变潜艇在反潜战中所处的不利地位，德国研制出了"潜艇交互式防御和攻击系统"（IDAS）。该系统采用光纤与红外复合制导技术，可在水下攻击反潜直升机。除此之外，还可以攻击水面舰艇和沿岸陆地目标。2008年5月29日，德国利用最新的212A级U-33艇在波罗的海试射了一枚IDAS导弹，成功地对IDAS进行了测试，该系统有望于2012年装备部队使用。

一、匆匆过客——201级潜艇

（一）研制背景

第二次世界大战结束之后，国际条约明确规定，禁止联邦德国建造潜艇。从第二次世界大战结束到1955年的十年间，联邦德国潜艇处于历史上的第二个空白期。1955年，联邦德国成为北约第15个成员国，从而具备了建造潜艇的政治条件。联邦德国海军当时承担的任务是确保联邦德国沿海水域，特别是波罗的海的安全。要建立一支新型海军，联邦德国面临着种种困难，除了当时年轻人不愿参军外，海军装备的类型也受到严格限制。当时联邦德国海军向国际社会承诺，将建造防御性武器而非攻击性武器装备。此外，联邦德国海军接受北约要求其新型潜艇吨位不得超过350t的限制，该吨位被认为是完全能够满足保卫沿海水域安全的任务需求。联邦德国潜艇的主要任务是防御水面舰艇而非潜艇，次要任务是布雷，能够在极浅的海域活动。由于未来潜艇的活动范围主要是在波罗的海海域，因此联邦德国海军对于当时所建造的潜艇提出的基本要求是：建造费用低、艇上人员少、海上自持力可以较小。

第二次世界大战后十年的时间里，西方国家在舰艇技术上已经取得了相当大的进步，所以新一代潜艇将面对比以前更大的威胁。当时联邦德国海军的领导层认识到，新一代潜艇的建造计划决不能匆忙上马，而且也不能依靠英、美过时的技术。基于以上的认识，联邦德国海军决定首先要对德国以前的潜艇继续进行深入研究，充分利用德国以前积累的技术。在经过认真考虑后，联邦德国海军决定打捞第二次世界大战期间沉没的潜艇进行参考和深入研究。为寻找沉没在浅海水域的可用潜艇，联邦德国海军对以前的记录进行了筛查，发现了一些仍可利用的潜艇，其中最著名的便是后来的240级训练潜艇和"鲸鱼"号潜艇。

1. 历经沉浮的240级训练潜艇

1956年6月，德国汉堡的贝克尔多夫沉船打捞公司获得了一份特殊的合同，要求该公司组织力量前往卡特加特海峡，打捞第二次世界大战期间沉没的U-XXⅢ级U-2365艇。此项打捞工作进行得很顺利，当U-2365艇浮出水面时，人们发现整艘潜艇相当完好，仅就外观来看甚至堪比新艇。在进行全艇勘查时，技术人员发现，由于当初潜艇沉没的时候，部分泄漏的油料附着在潜艇上，无形中形成了一个保护层，使得潜艇上的金属部件得到了很好的防护，因此这艘栖身在海底超过十年的潜艇的状况依然相当良好。因此，德国基尔的霍瓦兹船厂对U-2356艇进行的翻新改装工作就

S 181

比较容易，只需要更换配电板和电动机等少数部件，整个工程在不到一年的时间内完成。翻新之后的U–2356艇被命名为U–Hai，意为"鲨鱼"。

1957年8月15日，重生的"鲨鱼"号潜艇正式加入联邦德国海军序列，成为战后联邦德国的第一艘潜艇，编号S–170。"鲨鱼"号潜艇基本保留了U–XXⅢ级潜艇的原貌，只有声纳装置是新装备。"鲨鱼"号潜艇在1957年—1958年之间进行了广泛的水面及水下航行试验。试验表明，潜艇的性能良好。为确保安全，潜艇最大下潜深度限制在60m。

▲ 贝克尔多夫沉船打捞公司从波罗的海打捞上的潜艇

1956年8月，另外一艘U–XXⅢ级潜艇也被打捞出水，同样交给了德国基尔的霍瓦兹船厂进行翻新改装。该艇被重新命名为U–Hecht，意为"狗鱼"，1957年10月1日加入德国海军，编号S–171。两年后，即1959年8月1日，联邦德国在诺伊施塔特建立了第一支潜艇训练部队，"鲨鱼"号和"狗鱼"号作为首批训练潜艇加入了这支队伍。

为了延长这两艘潜艇的使用寿命，在1962年到1963年期间，联邦德国海军对这两艘潜艇进行了大规模的改装，艇体加长了1.5m，另外建造了一个全新的、低矮但体积较大的指挥围壳用以容纳新的设备。但此次对指挥围壳的改装造成了一个缺陷，即当潜艇在海况不佳的水面航行时，容易造成海水倒灌入舱的情况，这为1966年"鲨鱼"号的沉没埋下了祸根。在这次改装之后，"鲨鱼"号和"狗鱼"号的排水量达到了240t，随后被重新命名为240级潜艇，在1963年重新服役后，这两艘艇仍旧作为训练潜艇，用来培养潜艇艇员。

在潜艇的操作上，年轻的联邦德国海军还远未达到成熟的地步，但这样的情况没有得到重视。为满足对潜艇人才的迫切需求，联邦德国海军潜艇训练的强度日益增大，为潜艇事故埋下了隐患。1966年9月14日，正在执行编队航行训练任务的"鲨鱼"号潜艇消失在赫尔果兰海域的狂风暴雨之中。事故造成19名艇员丧生，只有1名随艇厨师得以幸存。

后来调查结果表明，一系列的机械故障和人为操作失误导致了"鲨鱼"号的沉没。其中最主要的原因是，潜艇围壳上的通气管装置安装方式不当，使得潜艇在水面航行状态下被海水倒灌入舱，海水在轮机舱内积累而没有被发现，在进水量达到一定程度后，海水进入其他舱室，艇体失去平衡，最终失去控制而沉没。"鲨鱼"号的沉没对当时尚处于重建中的联邦德国海军是一个沉重的打击，导致联邦德国开始重新审视自己的军备重建进程，并随后加强了装备设计的审核把关，以及国防士兵军事素养的培养。40年后，德国海军舰队指挥官斯特立克将军在悼念"鲨鱼"号沉没的仪式上，将此次事件作为德国海军历史上的转折点，称它既是一次不幸，也是一个新的起点。正是这次灾难警醒了德国海军，使得德国海军之后的装备发展能够在一个更为严谨的氛围下开展，并且逐渐步入正轨。

在"鲨鱼"号事故发生两年之后，"狗鱼"号也退役，历经沉浮的240级潜艇的服役纪录也随之结束。240级潜艇经历过第二次世界大战的

▼ 改装后的"鲨鱼"号潜艇

洗礼，承受过覆没的悲痛，重见天日后，承担了培养德国海军潜艇部队的新使命，开创了德国海军潜艇部队的新纪元。

2. 宝刀不老的"鲸鱼"号试验潜艇

在将两艘240级潜艇重新改装并用于人员训练后，联邦德国海军完成了重建潜艇力量的第一步。联邦德国海军下一步的目标自然是建造新型潜艇。在新潜艇建造之前，与新潜艇相配套的设备必须有一个合适的载体进行试验，而联邦德国海军手头仅有的两艘小型潜艇，排水量仅为240t左右，显然不足以担负这个任务。此外，240级潜艇空间狭小，无法搭乘技术人员前往海上进行试验，而且在研究鱼雷武器时，还需要一个不需从外部装填鱼雷的灵活操作平台。于是，联邦德国国防部决定打捞另一艘第二次世界大战潜艇，并对其进行改造以作试验用途。这次被选中的是U-XXI级U-2540艇。U-2540艇作为第二次世界大战末期建造的U-XXI级潜艇，并没有参加过作战行动，仅仅在进行了一次训练航行之后，便于1945年在靠近富尔森堡的地方自沉了。谁能想到，这把未出鞘的利刃能够在事隔多年后重出江湖，一展宝刀不老的雄风。

1958年，被打捞出水的U-2540艇被送到位于德国基尔的霍瓦兹船厂翻修，在此之前，霍瓦兹船厂已经完成了"鲨鱼"号和"狗鱼"号的翻新工作。U-2540号被重新命名为"鲸鱼"号，后来该艇命名为"威廉·鲍尔"号，以纪念为德国潜艇发展做出重要贡献的先驱威廉·鲍尔。

联邦德国海军改造这艘潜艇的目的是对战后潜艇上的武备、电子设备

以及动力装置进行试验，改造的重点在于安装新的柴—电推进设备。这套设备是为计划中的新型潜艇即201级潜艇准备的。另外，潜艇的指挥台围壳也做了改装，使其内部空间更大。1960年9月1日，在完成改建工作之后，该艇正式移交给联邦德国海军服役，加入位于诺伊施塔特的海军潜艇训练支队，北约编号Y-880。

在确定"鲸鱼"号潜艇完全恢复了航行能力之后不久，该艇就再次返回船厂，进一步安装试验设备，新设备包括新型陀螺罗盘、加速度计、回声记录仪、鱼雷发射管等。这艘试验型潜艇只装备了2具鱼雷发射管。随后展开了广泛的试验航行，目的是为建造新型潜艇测试设备。同时，也进行了潜艇战术运用方面的试验。例如，1961年，"鲸鱼"号试验了鱼雷发射管装载与布放水雷的能力；1962年，开展了潜艇救生以及通过鱼雷发射管施放蛙人的试验。

1962年4月20日，第一艘201级潜艇服役，很多在"鲸鱼"号上得到了充分验证的设备在新型潜艇上得以运用。本来，作为试验艇的"鲸鱼"号可以就此退役，接下来的试验任务可以交由新型潜艇来完成。然而，由于201级潜艇的低磁性钢艇壳出现问题，不能正常服役，"鲸鱼"号被要求继续服役，以完成新的试航任务。为此，"鲸鱼"号再次回到船厂进行改造，安装新型主动声纳系统，同时对潜艇通气管也进行了改造。改造工作从1964年4月一直持续到1965年1月，随后"鲸鱼"号重新投入到试航中。

1967年初，"鲸鱼"号经历了其服役后的第一次险情。由于潜艇通气管装置进水，大约有10t的海水经过通气管进入潜艇柴油机舱。同时，由于潜艇内部管线的保护层老化，电线在与海水接触后造成短路，在发动机舱内引发了火灾，好在艇员处理及时，从而避免了悲剧重现。该艇随后被迫进行了为期7个月的维修。在经历了1967年的险情，完成整修之后，"鲸鱼"号重新投入使用，安装了新的通气管装置，以及主动声纳设备等，随后在1968年4月20日退役。

1970年，"鲸鱼"号又被重新起用，艇上搭载的全是平民身份的艇员。在接下来的数年里，其主要任务是测试新型鱼雷及其火控系统，期间还曾经作为目标艇来测试鱼雷的搜索功能。后来，"鲸鱼"号又遭遇了两次比较严重的碰撞事故。1980年12月回港后，就一直停放在船坞之中。

1982年3月15日，在隆重的仪式上，"鲸鱼"号潜艇正式退役，这艘堪称元老级的潜艇终于利刃收鞘，结束了戎马生涯。作为德国新海军历史上具有里程碑意义的一艘潜艇，"鲸鱼"号在退役之后被保存下来，在博物馆向公众开放，从1983年起至今一直静静地躺在不莱梅港内，享受着退休生活。

（二）研制过程

在对打捞上来的潜艇进行改装并经过一段时间的使用之后，德国海军在潜艇设计和使用方面逐渐积累了一些经验，于是便决定建造两种新型潜艇。其中一种是用于攻击水面舰艇的201级潜艇，其排水量为350t，另外一种则是排水量较小的202级反潜潜艇，其排水量仅为50t左右。1956年，德国海军正式开始了这两种型号潜艇的设计工作。

1. 设计原则与规格要求

联邦德国政府高级顾问阿什莫奈特和来自政府布兰克部门（即后来德国国防部的前身）的工程师加布勒受命联合主持联邦德国战后新一代潜艇的设计工作，这两位工程师都参与过德国以前的潜艇研究项目。1955年3月8日，这两位联邦德国专家提出，排水量为350t的新一代潜艇设计标准应遵循以下原则：

（1）潜艇动力装置采用柴油发动机组和蓄电池；

▼ 联邦德国U-ⅩⅪ级潜艇"鲸鱼"号被保存在不莱梅港的海事博物馆

（2）潜艇应采用单轴推进；

（3）潜艇自持力为2周～3周；

（4）潜艇电池应具有快速充电能力；

（5）首部装备4具鱼雷发射管；

（6）将雷达作为探测设备，潜望镜作为被动探测装置，并安装主动声纳作为定位装置；

（7）艇上敷设涂层以对抗主动声纳；

（8）加强艇体抗爆炸冲击的研究；

（9）潜艇在水下潜航时，潜望镜、通气管等设备所伸出的部分应尽量避免被探测到；

（10）潜深应在这种设计框架中尽可能的大，不仅仅只针对在波罗的海巡航。

1955年，根据这些设计原则，专家建议潜艇采用一台1300马力～1350马力(956kW～993kW)的主推进电机，单轴推进，最大航速可达16kn～16.5kn，标准排水量为350t。

1958年1月15日，联邦德国国防部将201级潜艇的设计合同授予了具有丰富潜艇设计经验的吕贝克设计研究所（IKL）。吕贝克设计研究所于1946年7月28日成立，其主要成员都是第二次世界大战之前从事德国海军U型潜艇设计的工程技术人员。

依据联邦德国专家提出的新潜艇设计原则，联邦德国国防部提出了201级潜艇的具体任务要求：

（1）认可专家提出的潜艇吨位和动力装置形式，潜艇的潜深只考虑在波罗的海执行任务；

（2）艇员编制为16名～18名；

（3）优先保障潜艇长时间不间断低速潜航能力，通气管装置的设计以及电池充电快速性要优先于通气管状态下航行速度考虑；

（4）鱼雷发射管的直径为533mm，长度为7m，安装在潜艇的首部。鱼雷发射管的布置要便于声纳装置的安装，尤其是被动声纳装置；

（5）设计中需要考虑潜艇发射诱饵；雷达和天线等设备都采用可伸

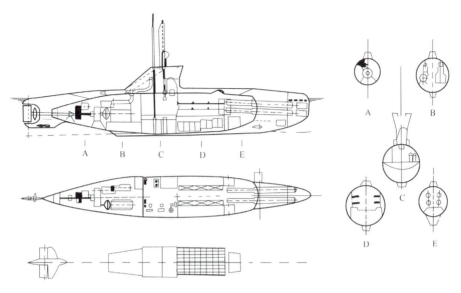

▲ 吕贝克设计研究所设计的300t、33.5m长的潜艇

缩结构，潜望镜要预先进行设计；

（6）该型潜艇纯粹为水下潜航设计建造，水面航行仅限于进出海港及港内航行。

根据专家提出的设计原则和联邦德国国防部对201级潜艇提出的任务要求，1958年1月29日和30日，吕贝克设计研究所向联邦德国国防部提出两种设计方案：第一个方案基本上遵循专家提出的设计原则，满足了联邦德国国防部对201级潜艇提出的任务要求；第二种方案则是采用较强的武器装备（艇首安装有8具鱼雷发射管），计划采用功率较小的动力装置和电池，使潜艇能够以1kn的航速缓慢航行。

吕贝克设计研究所提出的两种设计方案的艇体外形都与后来201级潜艇的外观一致，艇体包含两个压载水舱，一个在耐压壳体的前部，另一个在耐压壳体的后部。

对于两种设计方案，吕贝克设计研究所一直开展代号为IK10的工程研究工作。1958年3月，联邦德国国防部表示，艇首装配8具鱼雷发射管的潜艇设计方案符合预期，但对其布置问题存在很大顾虑，因此在1958年5月底决定建造1：1的发射管布置模型。因为当时的发射管不适应大深度鱼

S 181

雷发射，所以排气管需要重新设计。1958年9月4日，8具鱼雷发射管布置模型完工。为了测试所设计的排气管情况，工程人员在一个鱼雷发射管中对多种型号的鱼雷进行了发射试验。

针对打捞上来的U－XXI级潜艇可伸缩式首舵的体积和重量太大的问题，工程师盖布勒在1958年建议用可伸缩式拱形舵设计替代原来的可移动式水平舵。这种设计既可产生升力作用，也可产生偏航力作用。在高速航行时，可将拱形舵收回，同时拱形舵打开也可作为前部水舱的水流入口。

设计方案广泛采用了液压控制。像U－XXI级潜艇一样，潜艇舵由液压控制，还配有电子位置显示器。此外，潜艇上的可伸缩式起重设备、排气口的工作活塞和鱼雷发射管盖的调节都是靠液压装置来完成的。

设计方案还特别关注了耐压壳体强度问题。在第二次世界大战期间，德国潜艇耐压壳体采用的是船用52号钢。根据联邦德国国防部对新潜艇的设计任务书要求，此潜艇将在波罗的海使用，要求下潜深度达到120m。在1958年5月8日，联邦德国海军又提出，新潜艇要具有在不局限于北海与波罗的海航行的能力，极限潜深为150m（2.5倍安全系数）。而新潜艇原本计划采用的耐压壳体材料，在现有潜艇大小的情况下无法达到所要求的潜深，即使120m的潜航深度也不能达到。因此，1958年7月4日，吕贝克设计研究所建议将设计要求降低为100m潜深（2.5倍安全系数），并提出将潜艇的耐压强度设计作为新潜艇设计的重点。随后联邦德国国防部也赞同这一提议，并最终确定在基尔的霍瓦兹船厂进行强度试验，并检验潜艇的抗爆能力。

在不断改进设计和进行相关试验验证之后，1958年10月10日，吕贝克设计研究所给出了最终设计，呈交联邦德国国防部。这项设计在联邦德国国防部下属的海军技术部门作了进一步的完善，在经过多次研

▼ 201级U－1潜艇的Ⅱ~Ⅴ段，在浮船坞上分段排列，等待下一步整体焊接

S 181

讨会后，各方于1958年11月14日对新潜艇的设计基本达成以下共识。

1）动力系统

鉴于今后可能建造500t～800t的核动力潜艇，推迟"沃尔特"汽轮机的研究计划；银锌电池虽然比铅电池的容量大，但由于其费用高昂且使用寿命较短，决定目前暂不使用银锌电池。

2）隐身性能

鉴于201级潜艇将在波罗的海浅海水域进行航行，潜艇必须有很强的对抗磁性水雷和磁性定位装置的能力。需要重点考虑潜艇的磁化保护，这对201级潜艇的使用具有非常重要的意义。

第二次世界大战期间专业人士对在潜艇上安装吸音板对抗主动声纳探测装置存在争论。虽然在U–VIIC级潜艇的艇体前端焊装了很多吸音板，但是实际使用效果并不清楚，故联邦德国国防部决定暂不采用该方式。

3）航速与潜深

军事上要求潜艇的最高速度为15kn，短时间内航行的最高速度能提高到20kn。但按照当时的设计，这种要求不可能达到。潜艇要达到150m（2.5%的安全裕度）的下潜深度，只有采用特种材料。为此，还需要验证采用低磁性钢建造艇体和艇上装置的方法的可行性。

4）武器系统

火力控制系统能在大约10km距离指示目标，蛙人能在30m深度从潜艇鱼雷发射管爬出。鱼雷的装填仅使用上部的两具鱼雷发射管，这两具鱼雷发射管在潜艇处于上浮状态时位于水面之上。

5）声纳及观通系统

侦听声纳（GHG）应将现有的侧面安装方式改为马蹄形安装方式（在艇体前端至耐压壳体前端），不再要求装备全景探测装置，取而

▼ 201级潜艇中部的一部分在浮船坞上与潜艇艇身进行焊接

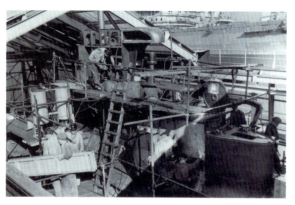

▲ 201级U-2潜艇中部在船台上组装

代之的是声纳监测装置（VELOX，法国生产）。原测距声纳的基阵表面积大约为10000cm^2，可以达到探测范围要求。声纳装置安装于甲板上表面，回波探测器应能进行向上和向下的探测。

潜艇装备有可折叠的发送和接收天线，还有一个接收长波的固定磁性天线，另外还有一部潜望镜。潜望深度应该提高到13m，但当时的设计方案不能满足潜望深度的要求。201级潜艇将建造立式潜望镜，多出的重量由取消鱼雷内部装填装置来平衡。

6）其他

空气净化装置能够满足三次不间断潜航的需要，每次任务时间为120h。

在经过此轮的修改完善后，201级潜艇的设计才真正确定下来。1959年3月16日，联邦德国国防部正式与霍瓦兹船厂签定了建造12艘201级潜艇的合同。

2. 建造过程

在签订建造合同之后，1959年9月17日，联邦德国开始着手为201级潜艇订购钢材，第一批订购了34t AM10钢，用来制造测试试验舱段，进行耐压试验和水下爆炸冲击试验。从1960年8月开始采用测试材料进行了耐压试验，1960年10月首次进行了水下爆炸试验，随后3艘潜艇部分建造工作相继进行。

为确保潜艇建造工作能够

▼ 建造好的U-1艇漂浮在水面正离开浮船坞

▲ 1962年3月20日U-1艇在基尔军港

顺利开展，吕贝克设计研究所按1：1比例制作了两个木制模型，用于潜艇的适用性和维修性问题研究，为建造人员装配提供帮助和对未来的艇员进行教学培训。

1960年初，首批3艘201级潜艇（1150～1152）在基尔—狄特利霍夫造船车间开始分段建造，分段建造完后在机械车间进行装配。由于当时的潜艇下水需要通过浮船坞的下沉来完成，为此德国又建造了两个带有滑动顶盖的浮船坞（每个3000t）。但是由于两个命名为MAX和MORITZ的浮船坞交货时间推迟，造成第一艘201级潜艇的完工时间被迫推迟。

201级潜艇的建造过程也出现了不少问题。按照设计，201级潜艇所用的15mm厚钢板能够达到极限潜深100m（2.5倍安全系数）的要求。但在1960年秋天对201级潜艇进行强度测试表明，在22个大气压的作用下，由于应力的作用产生凹陷等破坏，潜艇的实际强度比设计强度

▼ U-1艇在基尔军港的航道中等待出航

小12%左右。产生偏差的主要原因是弹性模量估计过高。201级潜艇采用的是低磁性钢，而设计时却使用了钢的弹性模量（低磁性钢的弹性模量是$1.9 \times 10^6 kg/cm^2$，钢的弹性模量是$2.1 \times 10^6 kg/cm^2$），因此201潜艇的极限潜深有一定的减少，重新修正为80m。

　　第一艘201级U-1艇于1961年10月21日正式进行了命名仪式，并于1962年3月20日正式服役。随后的U-2艇于1961年1月15日开始建造，1962年1月25日出坞，1962年5月5日正式服役。U-3艇是在U-1艇下水后开始建造的，于1962年5月7日建造完成，1962年6月10日服役。

　　1962年4月20日，联邦德国海军的第一支潜艇舰队正式成立。这支新生的部队装备的就是最新建成的201级潜艇。伴随3艘潜艇同时服役的还有几艘保障舰艇，以保证舰队拥有完整的战斗力。值得一提的是，U-3艇在进入联邦德国海军服役之前，曾经被租借给挪威海军一年，用于测试，这为稍后两国间开展广泛的潜艇制造与使用合作打下了基础。

▶ 201级潜艇的布置图

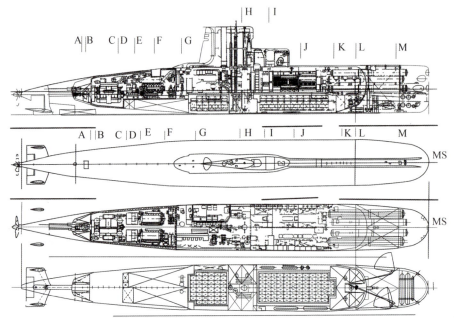

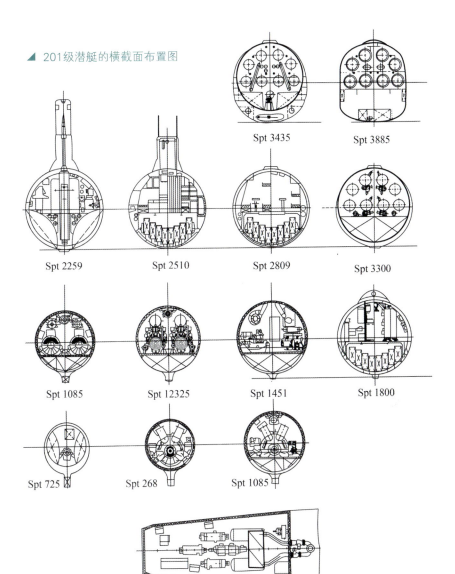

▲ 201级潜艇的横截面布置图

Spt 3435

Spt 3885

Spt 2259

Spt 2510

Spt 2809

Spt 3300

Spt 1085

Spt 12325

Spt 1451

Spt 1800

Spt 725

Spt 268

Spt 1085

（三）结构及配置

1. 艇体

1）舱室的划分

201级潜艇采用单壳艇体，中部呈圆柱形，尾部呈锥形。首尾都有非耐压壳，上层建筑在耐压壳的中部，只有一个升降口，放弃了原来的耐压塔。耐压壳体内设有耐压舱壁，在第19号肋骨处有一个非耐压隔声舱壁。隔声舱壁的后面是机舱，前面依次是中央舱和首舱。耐压壳下部从后往前分别为：尾均衡水舱、燃油舱、尾电池舱（第一组电池）、浮力调整舱、首电池舱（第二组电池）、鱼雷补重舱和首均衡舱。

2）各舱的情况

（1）机舱。

机舱是从尾舱壁起到第19号肋骨的隔声舱壁止。在机舱中，紧挨着尾舱壁的两个均衡水舱之间是方向舵和尾水平舵的作动装置，下面是填料函密封的轴系和主轴承。主推进电机占据了机舱后半部的大部分，安装在一个弹性支座上，通过气态弹性离合器与推进轴连接。推进电机周围安装有以下机械设备：上面是一个交流

▲ 潜艇右舷 II 部分柴油机和发电机布置情况

电机、稳流电阻和四个外设通风机；右面是陀螺罗经变流机、空调设备压气机组和空气冷却器；左面是空气冷却器和主冷却水泵。

机舱前半部的下面主要是油舱，由前往后依次为：两个大燃油舱、污燃油舱、净滑油舱和滑油循环舱。两个燃油舱通过隔声舱壁下方延伸到尾电池舱后部。在油舱上面主要是两台并排的柴油机组，柴油机和发电机分别安装在弹性支座上。柴油发电机组前面，即机组和隔声舱壁之间，左舷是空气压缩机，右舷是液压站，空气压缩机上方是各舱和电池舱的通风

机。发电机上面各有一个交流变压器，在机组的上方有一个电机的励磁变流器，前部为一个燃油箱。

机舱中各种辅机都安装在弹性支座上，整个机舱都敷设了隔音层。

（2）中央舱。

中央舱在耐压体的中部，是技术和作战的中心。左舷用隔音材料专门分隔出一个安装有无线电通信和探测设备的舱室。这个舱室的前面是鱼雷射击指挥仪和雷达，后面是卫生间。卫生间和隔声舱壁之间是空气再生器和冷

▲ 201级潜艇的辅配电盘布置

却、燃油、液压设备的配件。中央舱的右舷由后往前依次为：主配电盘、舱底泵、压缩空气站和液压站、水平舵自动控制台及其附属装置，最后是带有罗经的自动方向舵控制台。

中央舱除了安装上述设备外，还留下一条中间走廊，其后有一个耐压废物存储舱，垂直穿过燃油舱，上下各有一个耐压的闸门，可以互相关闭，从卫生间排出的废物聚积在废物存储舱。排除时，打开下盖，让水流把废物冲洗掉，然后用高压空气把水排干。中间走廊的左边是变流器，前面是推进电机操纵台和各种辅助装置。电机操纵台上方安装有两个排气活门和各种排气阀。在作业走廊中间有一个通到尾电池舱的升降口。中央舱的最前面是可以伸出耐压壳体的各种装置，如通气管、潜望镜和无线电天线等。

中央舱的下后方是尾电池舱，与耐压壳体之间左右两边各有一个饮用水舱。尾电池舱的前面有四个圆形耐压浮力调整舱，每两个之间有一舱底围阱。当通气管、潜望镜等降下后，升降装置的末端能伸到此围阱里。

（3）首舱。

首舱下面主要是首蓄电池舱，内装两组蓄电池，蓄电池舱前面是两个

S 181

并排的鱼雷存储舱，再往前是两个首均衡水舱，在水舱之间有水平舵机。蓄电池舱上部有舱口，蓄电池借助于专用装卸设备从此舱口装卸。蓄电池舱顶部有一可纵向移动的小车，车上可乘1名～2名艇员，蓄电池管理采用此方法比用可拆甲板法有更大的优点。后者虽然能充分利用蓄电池上方的空间，但蓄电池舱甲板上面必须有充裕的空间，且在其上方的各种设备都可以移动的情况下才能使用。首蓄电池舱的旁边布置有压缩空气瓶和氧气瓶，沿管系的方向是冷冻舱及酸搅拌装置。

▲ 电池舱的钢结构

蓄电池舱上部2/3空间是艇员居住舱，其余1/3空间布置8具鱼雷发射管。居住舱布局为：左舷由后往前依次为艇长室、军官居住舱和士官居住舱；右舷是厨房和士兵舱。

201级潜艇没有专用鱼雷装卸舱口，鱼雷通过上面的两个鱼雷发射管装卸，为此在首部装有鱼雷专用装卸设备。装卸鱼雷时，要先把居住舱左右两舷的床位和椅子等拆除，然后把鱼雷填进上部发射管，然后再移至其他发射管内。

（4）尾外壳。

201级潜艇的尾外壳成纺锤形，部分套在耐压壳体的尾端，大部分作为压载水舱，水舱顶部有排气孔，注排水由舱底非水密的流水孔来实现。螺旋桨的尾轴管、方向舵和水平舵的连杆系统穿过压载水舱。尾外壳下部

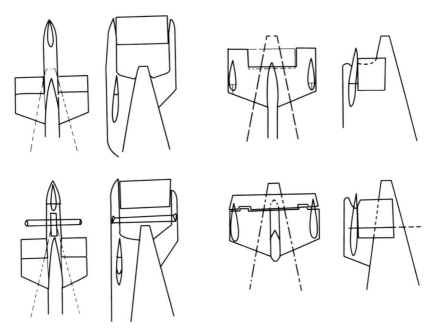

▲ 201级潜艇尾舵布置（左上）；205级潜艇尾舵布置（右上）；
改进205级潜艇尾舵布置（左下）和206级潜艇尾舵布置（右下）

安放压载物，末端是螺旋桨，下方是带有尾水平舵的稳定翼，两侧是垂直舵。201级潜艇螺旋桨和舵是第一次采用这种布置方式。

（5）首外壳。

首端有8具鱼雷发射管和一台马蹄铁形的大型声纳阵，鱼雷发射管也可用于布放水雷。首外壳大部分也作为压载水舱，注排水同尾压载水舱一样，不同之处是首水平舵的外壳孔穴作为注水口。

首水平舵采用了新的设计，通过转动左右两舷贝壳形的舵来实现潜艇的升沉。在潜艇高速航行时，为减少阻力，两个舵都收缩进去，通过舵机连杆系统进行液压控制。由于首水平舵只用于低速航行，所以这种舵产生的倾斜力矩相当小。

（6）上层建筑。

上层建筑在耐压体的中部，它由两个重叠的流线型围壳组成。前面是水面航行指挥部位，下部有耐压升降口、救生筏容器和起锚铰车；起锚铰

▲ 潜艇艇首的鱼雷发射管和马蹄形声纳阵

车由压气机驱动。耐压舱口上下都有舱口盖，里面还有一个容纳主动声纳驱动装置的舱室。

救生筏容器具有与耐压艇体相同的强度，内装有一个耐压筒，筒内有可折叠的救生筏。当潜艇在水面时，可以抛出救生筏，也可以打开容器的舱口盖，把耐压筒支撑在潜艇上；当潜艇坐沉海底时，打开救生容器舱口盖，使耐压筒浮到水面上，然后打开筒盖，抛出的救生筏自动膨胀。该救生筏有缆绳与沉底的潜艇连接，这种救生装置是为201级潜艇专门研制的。

上层建筑的后部是各种升降装置，如潜望镜、通气管和无线电天线等，还有一个紧贴围壳的排气管。

2. 机械设备

1）动力装置

201级潜艇采用常规动力装置，水下航行用电机，由电池供电，而电池重新充电是潜艇处在水面或通气管航行状态时进行的。水面和通气管航行也采用电力推进，这样的优点是噪声小、结构简单、管理方便，但与202级潜艇比较，重量略重。

直流双电枢推进电机通过气态弹性联轴节和主轴承带动螺旋桨轴，它的两个电枢可以并联或串联。为了减小噪声和振动，安装在弹性支座上，并采用开放式循环空气冷却器，每个电枢上有两个外设通气机和一个海水循环冷却器。

推进电机、辅机、通信和探测设备、厨房、取暖、指挥仪和照明等用电，由三组电池供给。这些电池是管状结构，带有玻璃纤维增强塑料盒。201级潜艇使用的是瑞士"都德"牌电池，而205级和后来建造的潜艇使用的是VARTA牌和维廉哈根公司生产的电池。这些管状电池的电容量大，比栅极电池提高了20%，放电周期增大3倍~5倍。同时，201级潜艇的电池采用玻璃纤维增强塑料盒代替硬质胶，因而具有较大的抗振强度。电池有一台酸搅拌设备，采用这种设备有以下优点：寿命较长、长时间放电后不影响电能的输出、有效限制有害气体的容积、降低蒸馏水的损耗，这也是德国潜艇的一项革新技术。

由于潜艇铅酸电池具有析氢特性，容易引起爆炸，因此保持潜艇电池舱的通风很重要。在201级潜艇上，两个电池舱安装有通风设备，为防止在没有通风的情况下进行充电，还装有特别的安全装置。在201级潜艇及以后的潜艇上，都装有电池管理监控设备。

电池由两台柴油发电机组进行充电，柴油机是戴姆勒—奔驰公司生产的MB820型，转速为1450r/min时，功率为600马力(441kW)。与柴油机有直接联系的有联合消声器、废气冷却器和大部分辅机，如：海水冷却泵、淡水冷却泵、滑油设备、冷却水热交换器和滑油热交换器。冷却系统采用淡水循环蜂窝式冷却器代替昂贵的管式冷却器。柴油机本身没有启动装置，借助于发电机启动。

201级潜艇机舱中的电池、螺旋桨、推进电机和发电机的全部开关都集中在中央舱的主配电盘上。202级和U–ⅩⅪ级、U–ⅩⅫ级潜艇上每台电机都有一个手动开关，而在201级潜艇上则没有。通过改变励磁电流方向可调节推进电机转子的旋转方向，增加励磁强度可降低推进电机转速，减弱励磁强度可提高转速。两台推进电机利用变流器在很低的转数范围内也可以向两个电枢输电，通过辅助振荡器产生励磁。功率开关采用压缩空气伺服控制，各种部件可实现半自动化控制，两台推进电机可用一个控制手柄控制。

与过去的潜艇不同，201级潜艇上只有一个进气管，排气管在上层建

S 181

筑的上边。通气管的伸缩由液压系统控制，端阀的启动依靠压缩空气，关闭则依靠弹簧的压力。除这种自动装置外，201级潜艇还有柴油机停车自动化装置，主要为了保证通气管工作时的安全性，即排气管和进气管自动关闭，随后柴油机停车。

这种自动装置的使用条件是：柴油机的滑油压力低于一定值、柴油机冷却水的温度超过一定值、排气背压超过一定值、通气管进水、潜艇内压力很低。采用这种装置后，防止水进入通气管的安全性提高了一倍，也能防止水通过排气管进入柴油机内。此外，在通气管深度控制错误时，潜艇和人员的安全都有保证。

除了柴油机自动停车装置和半自动电力推进装置外，201级潜艇还装有自动方向舵装置、自动水平舵装置、自动上浮装置和自动升降装置。可见，联邦德国在1958年和1959年设计的潜艇自动化程度已经很高了。

此外，属于动力装置的还有主冷却水泵和电动循环泵，主动冷却水泵在19m水柱压力的状态下每小时输水量为17.5m^3，该系统性能与潜艇的最大深度相适应。

2）辅机设备

（1）压缩空气瓶。

201级潜艇上有4个容量为325L和6个容量为100L的储气瓶，压力为250个大气压，一部分在耐压壳体内，一部分在耐压壳体外。主要用于主压载水舱、浮力调整舱、均衡水舱、废物存储舱的吹除和功率开关的伺服装置。压缩空气系统控制站集中在中央舱内，主要包括：高压分配器、吹除分配器和低压分配器。

压缩空气瓶用Poppe公司生产的电动压缩机充气。在250个大气压下每小时充气60m^3，同其他所有辅机一样，这种机组也装在一个弹性支座上。舱底压载舱和鱼雷补重舱的排水由一个电动活塞式疏水泵来完成。这是一个两级泵，采用串联或并联的方法，在浅水使用时，泵水量可提高1倍。

（2）液压系统。

201潜艇的液压系统同U-XXI级潜艇一样，主要用于操作三台舵机、潜望镜和通气管等的升降装置，以及鱼雷发射管前盖和减阻板。

舵机有一个液压舵角指示装置，还有一个应急工作时的时间控制仪。液压油的供给用一个带有功率开关的轴向活塞泵来实现，在接近80个大气压时，每小时输送量为2.4m³。供给器用60个～80个大气压力工作。此外，还装有一个循环油箱。由于轴向活塞泵和往复式输给器不可靠，在后来的潜艇上改用旋转泵和蓄压器。

（3）大气系统。

空气再生系统有12个氧气瓶，每个容量为50L/200个大气压，安装在艇内不同的位置上，但这种气态供氧的方式维持时间较短。后来德国潜艇也采用类似法国潜艇上使用的氧烛，由于它重量较轻，适于长时间在水下使用。201级潜艇上使用碳酸钙来清除二氧化碳。由于201级潜艇的水下航程较大，需要储存的碳酸钙的量也大。

（4）机电系统。

辅机的驱动系统由电池直接供给直流电。辅助电动机要求在低电压时有较高的功率，另外还要考虑到在高压时，即电池充电时推进电机和其机械设备不超负荷，全部辅机采用非磁和无漏磁结构。对于特殊用途的设备，如应急方向指示灯，要求有115V的稳定电压，为此，装有一个电阻仪。对于使用交流电和三相交流电的设备，采用三个旋转变流机，它设在推进电机和发电机的上方。另外还有一个很小的专用陀螺罗经变流机，这四种变流机可以输出以下几种电流：115V60Hz的单相电流、115V60Hz的三相电流、115V400Hz的单相电流、115V400Hz的三相电流和115V833Hz的单相电流。

▼ 主动声纳装置的 AN407型操纵台

由于电器设备对电流的要求较高，所以从205级潜艇起采用了静变流机组。潜艇的一般照明用交流电，应急方向指示灯和应急手提灯由电池供电。

3）操纵、通信和探测设备

操纵设备除了上述所讲的方向舵和水平舵及其所属自动化设备外，还有潜望镜、陀螺罗

▲ 201级潜艇的基阵换能器

经、速度测量仪、回声测距仪和极限深度测量仪。

201级潜艇在水面或通气管航行状态进行通信联络时，艇内联系用电话，艇外联系用各种波段的收发设备。水声设备包括声纳、组合水听器和振荡器。雷达设备的天线在通气管航行时可以伸出水面。

4）武器装备

201级潜艇装备8具首鱼雷发射管，鱼雷发射管采用液压发射代替了压缩空气发射，也可以投放水雷。鱼雷的装卸从最上部的两个鱼雷发射管进行。鱼雷发射管下面有两个鱼雷补重舱，由中央舱控制，调整鱼雷发射后所产生的浮力变化。鱼雷射击指挥仪也安装在中央舱内。

（四）性能特点

由于增加了很多探测设备，201级潜艇的排水量比最初规定的排水量增加了许多。最后，201级潜艇的排水量增加到395t，装备了8具鱼雷发射管。从艇上武备情况来看，201级潜艇已经具备了日后德国出口型潜艇的基本设计特征。在排水量仅为395t的潜艇上装备8具鱼雷发射管，主要是考虑一旦战争爆发，201级潜艇可以做到最大数量的鱼雷齐射。201级潜艇的另外一个突出特点是艇体用低磁性钢材制造。利用低磁性钢材建造的潜艇，即使在浅水海域中活动，仍然很难被敌人磁探仪探测到，具有很高的隐蔽性。201级潜艇的性能参数见表2。

表2　201级潜艇的性能参数

主尺度/m	42.4×4.55×3.8
排水量（水面/水下）/t	395/433
主机	2台MB802型柴油发电机，1台主推进电机，单轴推进
航速（水面/水下）/kn	10/17.5
潜深/m	80
武备	8具533mm首鱼雷发射管，装载8枚鱼雷
艇员/名	21

S 181

（五）存在的问题

1. "容易疲劳"的低磁性钢

在第一潜艇舰队组建后仅仅一年，201级潜艇的U-1和U-2艇就不得不退出现役。原因是，在例行的检查中，海军发现低磁性钢建造的耐压壳腐蚀速度比预期的要快，边角、弯板和焊缝出现退化，甚至出现一些毛细裂纹。而这种低磁性合金正是德国海军专门为其新型潜艇研发的艇体材料，曾经被寄予厚望，德国海军希望以此增强其新型潜艇的隐蔽性。然而事与愿违，由于工艺上的不成熟，使得这种材料在使用中很快就发生了金属疲劳现象，最终不堪使用。该发现使前两艘201级艇（U-1和U-2艇）在1963年夏退役。由于裂纹所产生的后果不可估计，所以201级潜艇一直到其报废都只限定在水深不超过45m、潜深40m的范围内活动。实际上，在之后很长一段时间内，德国海军放弃了在潜艇上使用新型合金材料的尝试，转而重新使用传统的磁性钢材。

不过，低磁性钢在其他方面仍有很多优点。例如，后来的205级潜艇U-12艇曾与一艘水面船只发生过碰撞，造成了长5m、宽2m、深度超过1m的凹痕，但是钢板本身并没有发现断裂或其他损伤。

2. "蹩脚"的水面航行性能

201级潜艇设计上的另一个失败就是水面航行能力差。由于位于螺旋桨尾流中垂直舵的作用较小，造成201级潜艇的回转半径过大。舰桥上的操作台没有安装任何导航设备，甚至连罗盘都没有。此外，值班军官与控制室唯一的通信方式是向敞开的舱口喊话。该艇依靠自身的系统无法在水面完成急转，加之在港口水面的操舵能力有限，进出港口均需要牵引装置的支持，给基尔港航道带来了很多问题。

3. 拥挤的内部空间

201级潜艇内部布满了各种装置，以至于再没有空间从内部装填鱼雷，所以8具鱼雷发射管只能从外部装填。这样，在装卸鱼雷时首先需要把居住舱左右两舷的床位、椅子等拆除掉，给鱼雷装填带来了很多麻烦。内部过于拥挤使该级潜艇不适合长时间的航行，且在被迫退役后也无法承担试验艇的任务。

（六）综合评价

201级这种小型潜艇具备的强大鱼雷武器装备，让很多人感到惊奇；低磁性钢材制造的艇体，具有很高的隐身性；大量的自动化装备，使其自动化程度在当时已达到很高的水平。但是狭小的内部空间、蹩脚的水面航行能力及致命的脆弱艇体，使其在德国海军中成为"匆匆过客"，留下的只有技术上的困扰和探路者的遗憾。

二、水中昙花——202级潜艇

（一）研制背景

1954年10月23日，美、英、法三国与联邦德国签订"巴黎条约"，联邦德国加入了北约组织，要求德意志联邦共和国作为西欧联盟和北约成员承担所应承担的防卫义务，因此可以发展用于浅海部署的标准排水量为350t的小型潜艇，即前面介绍的201级潜艇，用以保护波罗的海出海口的安全。

1954年底，德国专家马斯博士提出，应在波罗的海海域修建大量的水声定位平台，以监视这一海域。而同时德国阿特拉斯船厂也提出小型潜艇建造计划，来执行对该海域的防卫任务。小型潜艇可以像猎人一样利用携带的鱼雷对进入这一海域的敌方船只进行伏击和攻击，因此这种潜艇也被称为"猎人"潜艇，这是设计建造202级潜艇的最初设想。

（二）研制过程

1956年6月24日，阿特拉斯船厂向联邦德国国防部提出设计50t左右小型潜艇的建议。该艇采用先进的探测装置和固定潜望镜通气管。具体性能参数见表3。

表3　"猎人"潜艇性能参数

轴向长度/m	14.3
耐压壳直径/m	2.15
潜深/m	100
排水量/t	58
武器	2枚鱼雷
艇员/名	6
动力	1台85马力(63kW)的汉塞尔（Henschel）DDJ柴油发动机、1台转速为1800r/min的85马力(63kW)电机
蓄电池	60块20PAS 530/24 ，3000A·h，可连续使用5h
最大航速/kn	10.5

1956年11月20日，经过与吕贝克设计研究所对"猎人"潜艇相关工程进行详细研讨后，阿特拉斯船厂同意将"猎人"潜艇的总体设计和详细设计工作交由吕贝克设计研究所来完成。

吕贝克设计研究所在设计论证期间曾准备了四种方案供阿特拉斯船厂修改完善，这四种方案以A、B1、B2和C表示，表4所列为它们的性能参数。

表4 四种方案的性能参数

方 案	B1	B2	C	A
轴长/m	15	16.40	15	21.25
宽/m	3.20	3.30	2.95	3.10
高/m	3.15	3.20	3.65	3.10
耐压壳体直径/m	2.10	2.10	2.10	2.95
耐压壳体长度/m	9.30	9.30	7.8	13.30
标准排水量/t	55	55	54	80（76）
水下排水量/t	91	90	90	115
柴油机功率/马力/kW	85（63）	85（63）	85（63）	250（184）
电机功率/马力/kW	85（63）	85（63）	85（63）	300（221）
最大航速/kn	9～9.5	9～9.5	9～9.5	13.5～14
潜深/m	100	100	100	100
压载舱容积/m³	20	20	18	15
艇员/名	5～6	5～6	5～6	5～6
武器（2鱼雷）	外部，艇体侧下部			内部

▲ "猎人"潜艇布置图

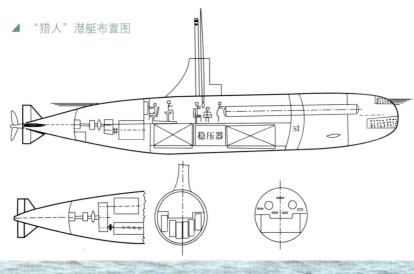

出于建造方面的考虑，方案B1和B2落选，仅有方案A和C在考虑之列。选中设计方案A是因为其鱼雷武器发射装置布置较为合适，方案C在考虑之列是因为它的被探测面积比方案A减小20%，但是方案C和方案A具有相同的探测能力。随后，吕贝克设计研究所对方案A和方案C进行了深入的研究和完善。1957年4月11日，在方案A基础上修改的方案A3，以其出色的航行速度和活动范围，被德国海军确定为最终方案，称为IK6。IK6方案的主要设计参数如表5所列。1958年7月5日，德国最终做出了建造3艘IK6潜艇的决定，官方正式代号为202级。

表5　IK6主要设计参数

主尺度/m	21.95×3.4×3.4
标准排水量/t	106
水面排水量/t	112.65
水下排水量/t	153
动力系统	DBPanzer–DM MB 837A柴油机，300马力(221kW)，转速为1500r/min；SSW蓄电池电机，350马力(257kW)；AEG潜艇潜航电机，37马力(27kW)；蓄电池容量约为3000A·h
最大航速/kn	13.3
通气管航行速度/kn	5
巡航速度/kn	3
航程/n mile	1500
武器装备	两枚鱼雷装在发射管内，发射管有信号接收和点火发射装置
艇员/名	8~10
测量定位装置	艇首侦听声纳和艇尾的AN529装置；AN409型全景探测装置以及SW406型圆柱基阵；MISAN408艇首主动探测雷达；雷达装置和雷达报警装置

1961年，位于不莱梅的阿特拉斯船厂开始为德国海军建造两艘202级潜艇。建造时202级潜艇的主尺度发生了一些变化，艇长达到了23.1m，标准排水量仅100t，乘员6人。第一艘202级艇被命名为"汉斯·特塞尔"号（U–Techell），第二艘命名为"弗雷德里希·舒尔"

S 181

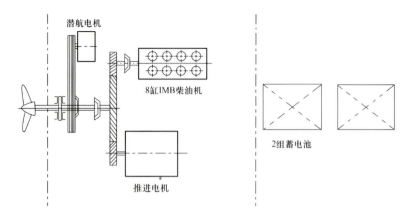

潜航电机

8缸IMB柴油机

2组蓄电池

推进电机

▲ 202级潜艇动力设备的设计展示图

号（U–Schiirer），这两艘潜艇的名字均来源于德国著名的潜艇工程师。如此的命名方式，也凸显了这两艘潜艇的试验性质。相较于当时并行发展的201级潜艇，德国海军更愿意用202级这样的小型潜艇担负海岸巡逻与近海侦查任务，所以在202级潜艇上试验了小型潜艇安装大型声纳装置的可能性，同时配备了350马力(257kW)的柴油机，以及27马力(20kW)的电动机作为低速航行时的动力。202级潜艇性能参数见表6。

表6　202级潜艇性能参数

主尺度/m	23.1×3.4×3.4
标准排水量/t	100
水面排水量/t	137
水下排水量/t	150
动力系统	1台243kW DB柴油机、1台257kW电机和1台20kW潜航电机
航速（水面/水下）/kn	6/13
航程/n mile	1500
武器	2具533mm首鱼雷发射管，2枚鱼雷
艇员/名	6

S 181

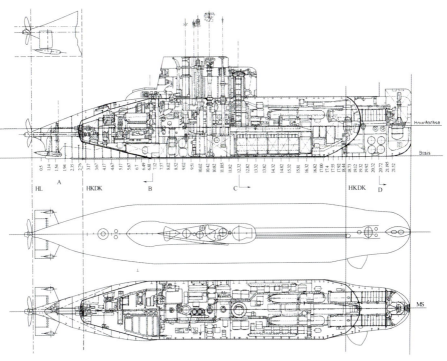

▲ 202级"汉斯·特塞尔"号布置图

▼ 202级"汉斯·特塞尔"号甲板方案和横截面图

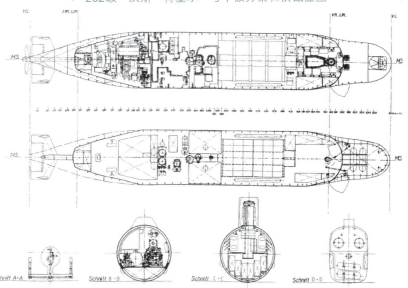

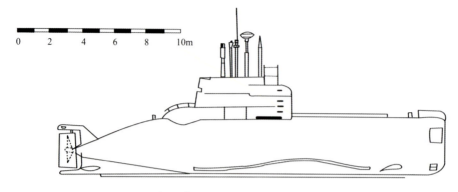

▲ 202级"弗雷德里希·舒尔"号侧视图

（三）存在的问题

202级潜艇的首艇于1965年10月14日服役，第二艘于1966年4月6日服役。这两艘潜艇一下水就发现其指挥台围壳和舵太小，以至于只能在平静的海面上航行。该级潜艇在海上航行面临的极大挑战是空气供给有限，电池能量太低，无法完成较远距离的潜航。因此，只能依靠水面航行才能到达近岸海域。加之其内部塞满了各种设备，几乎没有空间容纳6名艇员，更不要说搭载研究小组。另外，其外壳容易受到海水侵蚀。

▼ 1965年3月15日在阿特拉斯船厂，"汉斯·特塞尔"号准备横向下水

 1965年11月10日，"弗雷德里希·舒尔"号横向下水

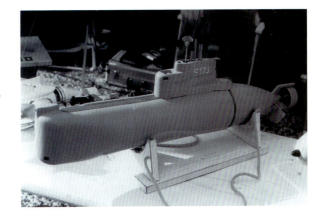

◢ "弗雷德里希·舒尔"号潜艇模型

◢ 侧后方观看"汉斯·特塞尔"号，可见螺旋桨和舵设备以及艇侧基面的声纳装置

▼ 202级潜艇的汽缸基座
（内部直径75cm）

▼ 1966年4月6日，"弗雷
德里希·舒尔"号服役

▼ 1966年夏天，"弗雷德
里希·舒尔"号在狭窄的基
尔海港进行测试航行

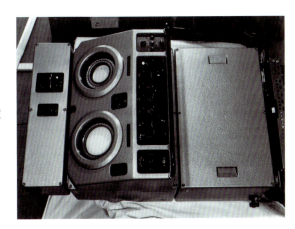

▲ 1965年10月15日，"汉斯·特塞尔"号服役

▲ 202级潜艇的全景声纳控制台

　　这种如此小型化的潜艇，一方面适航性能差，另一方面内部过于拥挤，不适合长时间的航行。经过一段时间的测试，202级潜艇最终被证明不适合在海军服役。因此，仅仅一年后的1966年年底，两艘202级潜艇就退役了，为建造这两艘潜艇所花费的3000万马克付诸东流。

　　（四）综合评价

　　202级潜艇同第二次世界大战末期德国海军建造的U－XXⅢ级潜艇一样，只装备了2具鱼雷发射管和2枚鱼雷，而201级潜艇则装备了8具鱼雷发射管。同201级一样，202级潜艇艇体使用低磁性钢材制造，隐身性能较好。

▲ 两艘202级潜艇退役后陈列于基尔海军兵工厂的空地上

如果说201级潜艇是来去匆匆的探路者，那么202级袖珍潜艇更是"水中昙花"，几乎被人遗忘。这两级不甚成功的潜艇使我们看到，即使是德国这样一个拥有潜艇建造与运用传统的老牌工业强国，在潜艇工业的现代化道路上也不是一帆风顺的。

三、先天不足——205级潜艇

（一）研制背景

201级潜艇建成后，由于采用的低磁性钢耐腐性差，入役一年后不得不退役。不仅如此，由于201级潜艇的排水量过小，也造成艇上装备受到很多限制。鉴于此，联邦德国海军提出要在201级潜艇的基础上发展新一级潜艇，重点解决201级潜艇存在的问题。为解决201级潜艇艇体钢材的腐蚀问题，新潜艇将采用一种新型低磁性钢，这种钢是一种高强度、低磁性的奥氏体钢，具有很大的弹性和良好的动态强度。同时，为提高潜艇的水下探测能力，联邦德国海军还提出要在新潜艇上增设第二部声纳。由此，诞生了205级潜艇，新潜艇的排水量从201级潜艇的395t增加到450t，艇体的长度也从23.1m相应增加至43.9m。202级潜艇性能参数见表7。

▲ 205级潜艇U-6艇进行航行试验

表7 205级潜艇性能参数

主尺度/m	43.9×4.6×4.4
排水量（水面/水下）/t	419/450
主机	柴油机—电机，2台柴油机，1200马力（883kW）；2台同步发电机，810kW，1台西门子电机，1800马力(1324kW)，单轴推进
航速（水面/水下）/kn	10/17
武备	8具533mm鱼雷发射管，AEG线导鱼雷，主/被动寻的，航速35kn时航程为13km，航速23kn时航程为28km，战斗部重60kg；可装载16枚水雷
电子对抗	雷达警戒
火控	Signaal MK8火控系统
雷达	汤姆森-CSF Calypdo Ⅱ型海面搜索雷达，Ⅰ波段
声纳	SPSMIH型被动搜索和攻击用声纳，高频
潜深/m	100
艇员/名	22（其中军官4名）

205级潜艇首艇U-4于1962年11月19日服役，最后一艘U-12艇于1971年4月30日服役，该级潜艇共建造了9艘。

（二）研制过程

205级潜艇虽是在201级潜艇的基础上发展而来，但相比于201级潜艇而言，205级潜艇在以下几个方面做了重大的设计改进。

1. 增大下潜深度

由于201级潜艇在设计时过高地估计了低磁性钢的弹性模量，导致201潜艇的极限潜深有一定的减少（设计潜深为100m，经过试验后来改为80m）。在205级潜艇的设计中修改了低磁性钢的弹性模量，钢板的厚度增加为17mm。潜艇的骨架也进行了加强，使205级潜艇的极限潜深达到100m。这一变化，使得205级潜艇的排水量超过了北约对联邦德国潜艇排水量的限制。1962年10月19日，联邦德国不得不申请将205级潜艇的水下排水量改为450t。

2. 增加潜艇的长度

为在潜艇中部安装VARO公司的变流器和声纳监测装置操纵控制台，吕贝克设计研究所在201级潜艇的基础上增加了艇身长度，并且在潜艇中部布置了具有保护措施的航行站位，以便潜艇能够具有很好的水面航行能力，特别是在水雷布置区域。但是，由于潜艇声纳监测装置的发射搜寻设备与潜艇上采用的搜寻范围为1100m的简单声纳有冲突，所以205级潜艇上最终放弃使用声纳监测装置。只有U-8艇为测试声纳监测装置的功能而暂时安装使用，其他205级潜艇的这个位置作为储藏间使用或者空置。

3. 改进局部设计

为了提高潜艇的操纵性能，205级潜艇增大了垂直舵，舵的偏转角度变为42°。

潜艇的救生设备先前堆放在潜艇舰桥下面，改进后将其安置在潜艇中部后端位置，在潜艇水面航行时作为有围护的平台。

在完成205级潜艇的设计后，205级首艇U-4艇于1961年4月1日正式开始建造。由于原计划的U-4艇耐压舱壁耐压试验被取消，德国军方要求

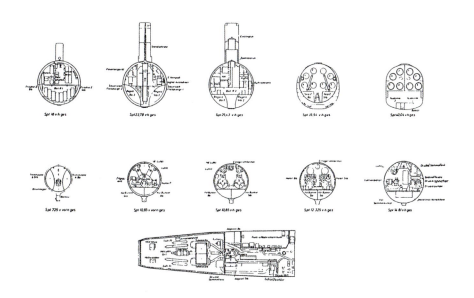

▲ 205级潜艇结构布置图——横截面和下甲板布置图

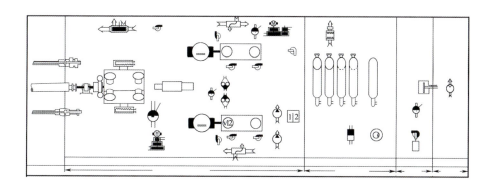

▲ 205级潜艇动力装置布置图

069

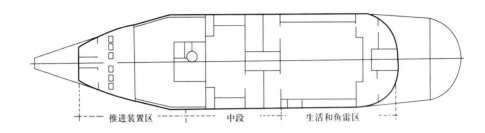

推进装置区 　　中段　　 生活和鱼雷区

▲ 205级潜艇舱室、燃料舱、压载舱布置图

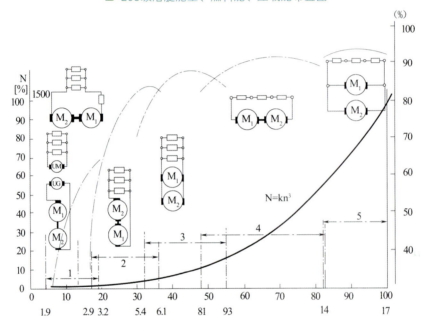

▲ 205级潜艇电机调控装置转速范围图

必须采用更厚的钢材以确保潜艇的下潜安全，建造船厂不得不重新订购钢材，导致U-4艇的交付时间推迟了两个半月。

　　随后建造的205级U-5～U-8艇的交付也推迟到1963年底，潜艇正式服役的时间也因为喷涂防护漆、采用低磁性钢等防腐蚀措施而推迟（见表8）。

表8　205级U-5～U-8艇建造时间表

艇　名	建造开始时间	分段建造开始时间	总装开始时间	下水（命名）	验　收
U-5	1961.06.01	1961.10.23		1962.11.20	1963.05.16
U-6	—	1961.10.23	1962.09.18	1963.04.23	1963.06.25
U-7	1962.02.01	1962.02.23	—	1963.05.30	1964.03.10
U-8	1962.03.20	1962.02.23	—	1963.10.11	1964.06.26

▲ 1961年1月，205级U-4艇带有鱼雷发射管的
V舱段在HDW船厂装配车间进行建造的情况

▲ 1962年6月22日，205级U-5艇Ⅳ舱段和Ⅲ舱段建造的情况

▼ 施工人员在205级U-4艇Ⅲ舱段为主控制配电盘敷设电缆

▲ 1962年5月22日，205级U-7艇上浮状态

▼ 1963年，205级U-6艇进行船厂海试

205级潜艇交付联邦德国海军后，进行了将近一年的常规海试，包括潜艇操纵性、航行、制动、回转、上浮和下沉性能测试，高压空气瓶的填充、鱼雷的装填和许多其他方面的测试和测量。除了进行201级潜艇曾完成的系泊试验和港口拖曳测试外，由于垂直舵增大，205级潜艇还进行了穿越北海/波罗的海海峡的测试。出于安全考虑，在测试时每艘潜艇由两艘拖船负责保驾。

联邦德国海军还对205级潜艇的武器系统进行了测试。除了测试潜艇的鱼雷发射系统之外，还在海上训练前对潜艇的操作和战术方法等进行了评估。1967年，205级潜艇首次进行了鱼雷发射试验，但是结果并不令人满意，原因是从美国引进的MK 37鱼雷只适合在静水中作战。

（三）后续改进

205级潜艇服役后，联邦德国海军在实际使用中也发现了205级潜艇存在的一些问题，随后针对这些问题对205级潜艇进行了改进，主要有以下几个方面。

（1）改变潜艇中部艇体型线。

205级潜艇后续升级改造主要集中在潜艇的中部，通过改变潜艇中部型线可显著降低205级潜艇的艇体阻力，同时也可以减小潜艇潜望深度航行时的兴波阻力。U-7艇在修理过程中也进行了中部改造。

（2）安装DUUX 2A型被动测距声纳。

▼ 205级潜艇的声纳

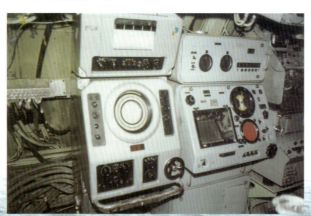

在潜艇壳体前部安装DUUX 2A型距离测量被动声纳，该被动声纳位于减摇组件前部。

（3）改善潜艇局部布置。

将电台和密码设备布置在一个隔音室内，声纳装置布置在艇体中部左舷航海图桌附近。

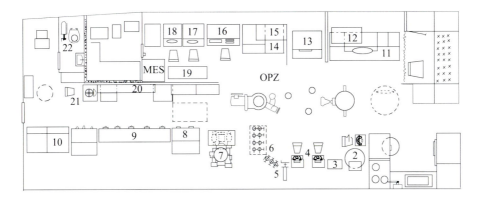

▲ 205级艇改进后的舱室布置图

1—垂直舵控制；2—电罗盘；3—自动水平控制；4—水平舵台；5—主流阀门；6—高低压空气分离器；8—充电板；9—电池配电盘；10—数字变流器；11—手控装置；12—回声图像；13—雷达显示器；14—自动绘图桌；16—DUUX声纳操纵设备；17—GHG声纳操纵设备；18—MIH声纳操纵设备；19—配电盘3（信息与装备）；20—配电盘2（辅助设备）；21—航行开关；22—洗手间。

（4）调整垂直舵的位置。

205级潜艇由于垂直舵位于螺旋桨尾流的外侧，作用效果不理想，在潜艇高速航行时操纵问题尤为突出，因此改造中调整了垂直舵的位置。经U-11和U-12艇测试，改造后的垂直舵效果改善显著。

如图65所示，U-9潜艇垂直舵控制台位于主陀螺的左侧，通过它可以自动操纵航行和自动调整水平舵；水平舵控制台在潜艇主管阀手柄的前部。

▲ U-9潜艇垂直舵与水平舵控制台

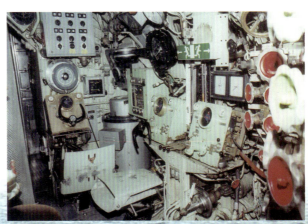

（5）安装潜艇悬浮装置。

205级潜艇的悬浮装置由图什卡精密机械公司设计。潜艇在水下不航行的状态下能自动地通过进水和排水保持到一个需要的深度。潜艇的下潜深度与额定深度的差值由膜片来确定，膜片的两边分别由水压和弹簧起作用。弹簧的张力由手柄进行设定，可以在0m～100m间进行显示。

膜片的运动通过脉冲杠杆传到前置计算机上，膜片的延展同时也作为微分量加入，通过电磁阀门双继电器偏移量的总和来控制膜片阀，进而控制压缩空气排放。在3个大气压下膜片阀会打开，外界的水通过左舷调节舱进入使潜艇下潜，或通过压力在0.5个～1.5个大气压之间的右舷调节舱将水排出使潜艇上浮。进入或排出的水量由水表显示，通过电子设备分支再报告给悬浮装置。当所计算的水量排出后，相关的膜片阀关闭。

这种装置在U–11和U–12艇上进行了应用，在U–11艇的首次试验中发现有很大的阀门噪声。经过改进后，在1969年5月13日对安装悬浮装置的U–11艇进行了进一步测试试验，表明悬浮装置的前置计算机功能稳定，阀门噪声级别也较小。

▼ 205级潜艇自动悬浮装置设计布置图

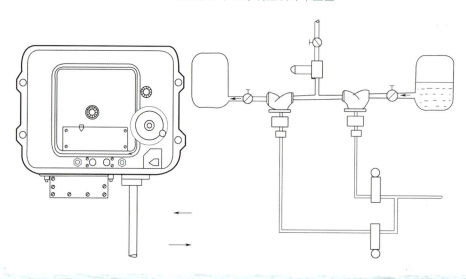

（四）综合评价

与201级潜艇相比，205级潜艇虽然有许多进步，但由于205级潜艇有试验性质，加之某些重要设备的研制存在问题，致使205级潜艇存在一些"先天不足"，如：205级潜艇原计划在首部安装声纳监测装置，但由于与潜艇上采用的搜寻声纳有冲突，最终不得不放弃使用声纳监测装置，这极大影响了205级潜艇作战效能的发挥。

205级潜艇带有许多试验性质，这一点在耐压壳低磁钢的研制上尤为明显，U-9艇和U-10艇采用AM53钢，U-11艇采用PN18S2钢，U-12艇采用Amanox 182M9钢建造，这些试验为德国后续潜艇的研制奠定了坚实的基础。

四、继往开来——206级潜艇

（一）研制背景

1962年，国际上对联邦德国海军潜艇吨位的限制放宽到450t，随后又允许联邦德国海军建造6艘排水量为1000t的潜艇。1962年5月22日，在201级潜艇U-1艇投入使用两个月后，联邦国防技术及采办局交给吕贝克设计研究所一项研究任务，希望利用201级潜艇和205级潜艇的高稳定压载来提高新潜艇的使用价值。由于当时的潜艇吨位计算不允许扣除高额的固定压载，所以德国海军希望新潜艇最好能通过使用大型蓄电池达到所要求的稳定性，从而实现无压载设计。使用大型蓄电池的另一个重要原因是可以满足定位设备、发射指挥系统及通信装置等电子设备越来越高的用电需求。1962年在联邦德国申请450t标准排水量吨位得到批准之后，吕贝克设计研究所将这批潜艇型号命名为IK 34，官方命名为206级潜艇。206级潜艇首艇U-13于1973年4月19日服役，该级潜艇最后一艘U-30于1975年3月3日服役，该级潜艇共建造18艘。206级潜艇性能参数见表9。

S 181

表9 206级潜艇性能参数

标准排水量/t	450
主尺度/m	48.6×4.6×4.3
下潜工作深度/m	100
发动机功率/kW	2×440
航速（水面/水下）/kn	8.5/17
续航力/（n mile/kn）	水面约4500/6，水下280/4
燃料消耗量/t	25.5
蓄电池	3组96块蓄电池组
淡水储量/m³	11
饮用水储量/m³	2.3
自持力	约30天
武力配置	8具鱼雷发射管
艇员/名	22

▲ 206级潜艇配置图

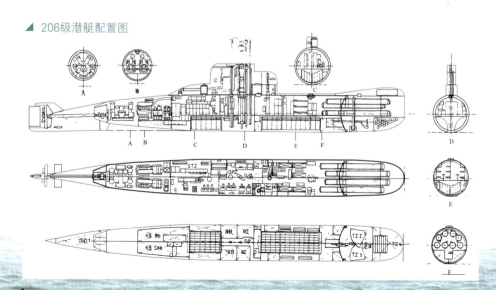

▲ 206级首艇U-13艇

（二）研制过程

1964年7月8日，吕贝克设计研究所从联邦国防技术及采办局获得206级潜艇设计建造合同。按照合同规定，潜艇的成本控制在80万马克之内。设计工作始于1964年，1965年春，吕贝克设计研究所又对206级潜艇的结构做了一些修改。潜艇结构调整最终于1965年9月1日前完成，修改方案中还包括安装大型艇首圆形声纳基阵。

后来由于206级潜艇鱼雷发射装置问题没有完全解决，导致了吕贝克设计研究所承担的206级潜艇结构设计工作在1967年初中断，1967年5月才得以恢复。在1968年1月2日、12月30日及1969年4月18日分别对设计合同进行了补充，添加了新的任务。206级潜艇的制造成本限制也相应地进一步放宽到340万马克。

对于第一批12艘206级潜艇的建造，联邦德国海军采取了招标方式。共有HDW造船厂、蒂森北海造船厂（TNSW）、B&V及Flender四家船厂参加了竞标。由于B&V和Flender两个造船厂中途退出，剩下的HDW船厂和蒂森北海造船厂就以相对较低的报价获得了206级潜艇的建造合同。两家造船厂将各承担6艘潜艇的建造任务，HDW先开始建造，第1艘潜艇的交付日期确定为1972年6月1日，第12艘为1974年2月1日。同时，联邦德国海军还批准建造了第13艘该型潜艇，用于发动机、辅机、推进装置、升降装置、舵机、液压系统和静变流器等设备的调试。

在206级潜艇的建造过程中，两家船厂开始采用分段建造的方式。分段建造的主要优点是既降低建造成本又节省建造时间，通过分段建造增大了工作面，可更高效地进行大型机械装置的装配。

在HDW船厂，206级潜艇分为5个部分进行分段建造，另外还有一个艇首及中心结构部分。

第一部分：耐压艇体的后半部分，装有发动机设备、主压载舱和舵。

第二部分：机舱前半部分，装有柴油发电机及控制舱后半部分。

第三部分：控制舱前半部分和指挥舱。

第四部分：生活舱。

第五部分：鱼雷发射管部分及耐压舱前半部分。

HDW船厂的两艘206级潜艇的各个分段几乎同时完成。第五部分装配完成之后，就在主装配线上将潜艇的第三、第四和第五部分焊接起来，并装配上艇外部分。然后这一整体与动力舱段，即第一、第二部分一起被运到厂房外，并由浮吊将其吊入浮码头，然后在浮码头上进行装配整合。潜艇出坞后才开始最后一道装配工序，即安装蓄电池。

1969年11月15日，U-13潜艇开始进行分段建造，这艘潜艇的各部分到1971年4月才完成。浮码头上的潜艇装配工作持续了大约4个月，于1971年9月28日通过带有浮船坞的浮码头出坞，接下来潜艇在专用码头进行了为期2个月的测试，于1972年3月14日进行船厂试航，之后是持续多月的潜艇操纵以及整个武器系统和潜艇探测设备的功能性测试。

▼ 206级潜艇在HDW船厂的生产工序

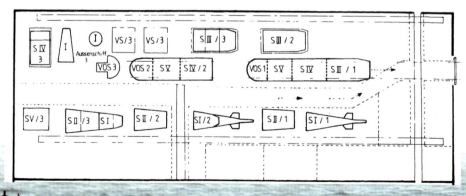

▲ 206级潜艇在HDW装配车间的流水线，照片左侧为潜艇后段的第一部分及第二部分；中间是U−13艇中段和前段；照片上方远处正在进行的是U−15艇的分段建造

▼ 照片上方远处是U−15艇的分段建造，照片右侧是主装配线，可以看到照片右下方的艇首鱼雷发射管（摄于1970年夏天）

▲ 照片左侧为U–13艇的前段和中段，在艇首可以看到大型圆形基阵的底部结构，照片右边是艇尾两个部分的装配

▼ HDW船厂建造的第一艘206级潜艇U–13艇的起浮

▲ U13艇在投入使用前的船厂试航

▼ HDW船厂的装配码头，从左到右依次为：U–13（S192）、
U–17和U–21

▲ 1973年8月在HDW船厂的南车间前，从左至右依次为U–21、U–13（S192）、U–25和U–19（配有鱼雷装载设备），后面是装载有出口到秘鲁的"伊斯拉伊"号潜艇的浮船坞

▼ 1973年8月，U–27艇组装完毕用浮吊吊起

▲ U-27艇在HDW船厂的浮船坞进行后续舾装工作

▼ HDW船厂在1974年夏天进入潜艇建造高潮。前面是在装配码头的206级U-21艇和U-27艇。旁边和后面总共是4艘出口的209级潜艇。从主车间正在移出的是出口土耳其的"萨尔迪雷"潜艇的中间部分，两部浮吊正把它吊去组装。德国海军1970年到1973年的206级潜艇建造都在这个大型主车间后面的车间里进行

085

▲ HDW船厂建造的第二艘206级潜艇U–15艇，旁边是出口秘鲁的"伊斯拉伊"号潜艇

▼ HDW船厂潜艇码头，U–27艇和蒂森北海船厂建造的U–24艇在进行船厂修复

U-13和U-14艇直到1973年4月18日才投入使用。U-13艇的建造延误了8个半月，而蒂森北海造船厂制造的第一艘206级潜艇U-14艇比U-13艇晚4个月开工，却和U-13艇一同完工交货。

HDW船厂认为，206级潜艇在建造的同时还需要大量不可预见的试验检测，以及联邦国防技术及采办局对声纳装置引起的噪声问题考虑不充分等因素是U-13艇延期交付的主要原因。

蒂森北海造船厂于1970年3月在造船车间开始了整批10艘206级潜艇的建造。与HDW船厂的制造工艺不同，蒂森北海造船厂将耐压艇体部分的建造以及整艘潜艇的装配都安排在造船厂东部的25号装配车间里完成。车间里并排两条生产线，每条生产线上分别流水建造两艘潜艇，先将潜艇后三部分焊接起来，再焊接前面两部分，即第四、第五部分。最后将潜艇从车间转移到浮船坞上进行进一步装配。

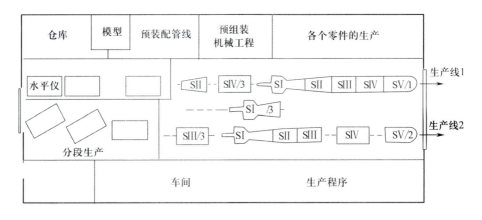

▲ 206级潜艇在蒂森北海造船厂25号车间的生产工序

▼ 2艘206级潜艇在蒂森北海造船厂潜艇装配车间中进行装配

◄ 1972年2月1日，蒂森北海造船厂建造的U-14潜艇命名仪式

▼ 1972年夏天，U-14艇在蒂森北海造船厂内试航

▲ 停靠在蒂森北海造船厂舾装码头旁的两艘206级潜艇

▲ 1973年春，U-23艇投入使用之前停靠于蒂森北海造船厂码头

▲ 蒂森北海造船厂建造的最后一艘206级潜艇U-23艇

S 181

（三）性能特点

在206级潜艇的研制过程中，德国海军在许多技术领域作了诸多尝试和创新，主要有以下几个方面。

（1）鱼雷发射技术。

206级潜艇装备两种鱼雷，一种是AEG线导鱼雷，另一种是DMT线导鱼雷。由于DMT线导鱼雷当时尚处在研发阶段，206级潜艇设计中希望通过尾部鱼雷发射管发射该型鱼雷，但当时并不清楚206级潜艇的尾鱼雷发射管是如何安装的，以及尾鱼雷发射管与此型鱼雷是否匹配。为解决上述问题，1963年，吕贝克设计研究所开展了代号为206H的研究，由于当时联邦德国潜艇都没有采用尾鱼雷发射管，因此对201级U-1艇尾鱼雷发射管进行了改装，以便对尾鱼雷发射管进行试验。其后虽然在U-1潜艇上完成了尾鱼雷发射管试验，但最终联邦德国还是放弃了206级潜艇尾鱼雷发射管的研制计划，而采用首鱼雷发射管。

（2）柴油机通气管潜望镜技术。

206级潜艇的另一项创新是采用了吕贝克设计研究所研发、Gabler有限公司制造的"海象"柴油机通气管潜望镜系统。1967年的运行试验表明该系统的液压传动装置噪声较大，为此对部分设备做了一些改进，噪

▼ 206级潜艇艇首鱼雷发射管

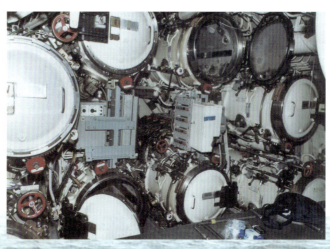

声问题有所缓解。1968年秋天在"威廉·鲍尔"号试验潜艇上对该系统进行了运行试验。

（3）新型耐腐蚀低磁性钢技术。

206级潜艇耐压艇体采用的是新型耐腐蚀低磁钢，206级潜艇选择低磁钢的原则如下：为了保证战时供货安全，大部分低磁钢必须在德国炼制；虽然不同低磁钢的混合结构在过去并没出现大问题，但为了安全起见不采用混合结构。

根据上述原则，HDW造船厂与蒂森北海造船厂最终决定采用

▲ 建造中的U−13艇艇体

Thyssen Rheinrohr公司生产的PN18 S2钢，这种低磁钢在U−11艇上已经过测试，其主要成分包括：碳0.05%（最高）；硅1.00%（最高）；锰3.0%～6.0%；磷0.025%（最高）；铬18%～30%；镍15%～18%；钼2.7%～3.7%；氮0.2%～0.3%；硫0.025%（最高）。

为测试这种低磁钢的耐压强度，Thyssen Rheinrohr公司分别对201级U−3艇耐压艇体和206级潜艇低磁钢材料耐压艇体模型进行了测试。

U−3艇耐压艇体试验：利用艇体在耐压试验中出现的凹痕，分析低磁钢耐压特性（蠕变）与时间的关系。1967年9月15日，退役的U−3艇耐压艇体放在基尔海军工厂的压力测试船坞中进行耐压测试。

模型耐压试验对两种模型进行了试验，一种是1：2的206级潜艇低磁钢材料耐压艇体、焊入的内部零件和裂口模型；一种是1：15和1：16比例的耐压艇体模型。模型耐压试验的目的是研究蠕变对耐压艇体强度的影响，使得耐压艇体肋骨结构达到理想的耐压强度。

（4）WSU远程声纳技术。

WSU AN 410 A1远程声纳原计划在205级潜艇上采用，但205级U−4～U−8艇建造完成时，该装置还无法投入使用。于是计划在206级潜

▲ WSU远程声纳装置的指挥台

▼ WSU远程声纳装置

艇上采用WSU远程声纳装置。WSU装置装有一个可360°旋转的观察镜，观察镜的视角为110°，在观察镜内还装有一个可旋转10°的独立观察镜。这样就能够测定目标的位置、距离和速度。此外，还可以根据方位和强度被动确定目标发出噪声的位置。

WSU远程声纳装置的技术参数为：

发射频率：8kHz、10kHz、1kHz。

最大声源强度：136dB±2dB。

距离范围：100码（91m）~3千码（2743m）/6千码（5486m）/9千码（8230m）/18千码（16459m）。

测量精度：±（50m±0.5m）。

方位精度：±0.5°。

（5）水雷运载器技术。

联邦德国海军要求206级潜艇利用舷外运载器运载水雷，为此吕贝克设计研究所设计了采用玻璃纤维高强度合成材料的水雷运载器（即外挂式布雷装置），艇身两侧各布置一部运载器，每个运载器可携带12枚水雷，运载器的固定和拆卸也比较容易，如果情况紧急，运载器在完成任务后可丢弃。

潜艇安装运载器之后流阻会增加，但是无论潜艇低速或高速航行，运载器均不会对潜艇的稳定性、操作灵活性以及升降性能产生太大的影响。

▲ 在造船厂的装配车间内生产布雷装置

▼ 在潜艇基地组装好的布雷装置

▲ 206级潜艇运载器共装有22枚训练用水雷

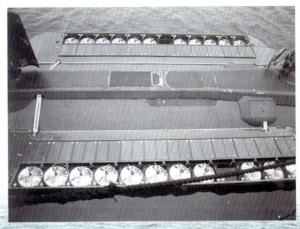

▲ 206级潜艇U-26艇正在进行布雷训练

▲ 206级布雷潜艇U-30艇

（四）后续升级

经过近20年的使用，虽然联邦德国海军认为206级潜艇是一级性能可靠、作战能力强的潜艇。但该级潜艇仍存在艇上电子设备探测距离小的不足，在某种程度上影响了艇上武器充分发挥威力；电子系统不配套，且布置分散，指挥员常需花费许多不必要的时间；艇上火控系统不能满足鱼雷的要求，影响了鱼雷的使用效果等问题。为此，联邦德国海军对206级潜艇进行了改进。经改装后的206级潜艇，称为206A级潜艇。

1978年3月30日，联邦国防技术装备与采办局对206级潜艇的升级改进提出了两点要求：不加长潜艇的耐压艇体，仅在指挥舱内进行改装；不改变无线电室内的设施。1980年，联邦德国海军正式批准了206级潜艇现代化改装计划。改装的重点是拆除艇上老式的电子和火控系统；实现全艇电子、操艇和火控系统一体化，即装配一套全新的操艇、探测定位和武器系统。

为使改装后的12艘206级潜艇具有更强的作战能力，采取了如下措施：拆除功率不足和不能继续供应的设备；配备适应新鱼雷要求的作战指挥中心；进一步改善艇员的工作条件和生活条件；新建一套训练系统；采取延长使用寿命的措施。

▲ 206级潜艇U-21艇下级军官房间，通过上方两根管道装填鱼雷时，必须将床铺向下折叠，延伸至厨房的隔墙也需要拆除

▼ 206级潜艇U-21艇工作人员居住空间和鱼雷管道

S 181

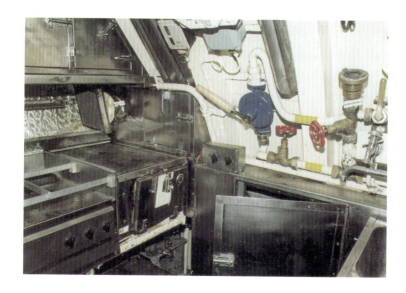

▲ 206级潜艇U-21艇位于右舷的餐室，带有一个灶台和火炉

▼ 206级潜艇U-21艇餐室后面的卫生间

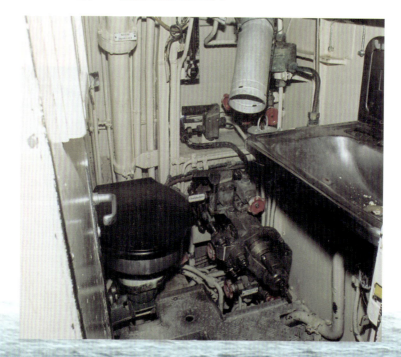

▲ 206级潜艇U-13艇指挥舱左舷安装的鱼雷指挥控制系统

▼ 206级潜艇U-13艇指挥舱右舷，从左到右分别是带有被动侦听声纳操作台、被动测距声纳操作台、两台主动远程声纳的操作台

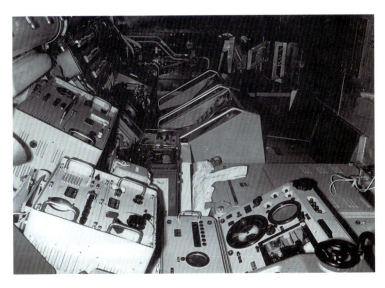

▲ 206级潜艇U–21艇的无线电室，装有一台100 W–KW发送器、E 63无线电KW接收器、可以接收一切信号的ELK 639接收器、GRC 9/LV 80型KW无线电装置组和一台无线电测向接收机，该接收机附带无线电长波接收器和一台译码器

▼ 206级潜艇U–21艇左舷处的指挥员的指挥室，非常狭窄

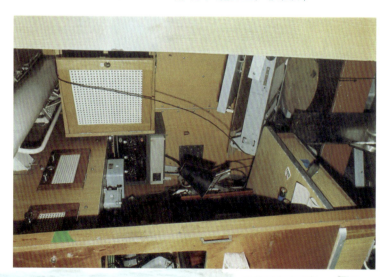

▲ 206级潜艇U-21艇右舷控制站位，首先启动回波探测器和主—电罗经，随后三个操舵台（侧、前、后三个水平舵）开始运行，上方的自动操舵装置和深度控制装置也同时启动

▼ 206级潜艇U-21艇后部水平舵的操舵台，以及Tuschka公司生产的自动深度控制台，右后方是高压配电阀和低压配电阀

▼ 206级潜艇U-21艇的开关面板中间的通道，图中可以看见柴油机舱的舱壁

▲ 206级潜艇U-13艇通往柴油机舱的通道，装有电动开关面板和驾驶台

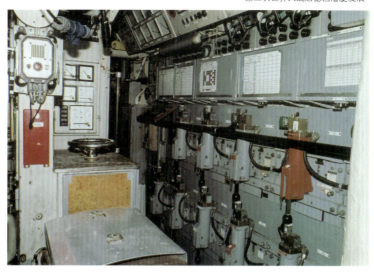

▲ 206级潜艇U-21艇螺旋桨—电力—发动机的驾驶台。通道的另一边是
左舷部分，安装有主开关面板，蓄电池开关就安装于主开关面板之上

▼ 206级潜艇U-21艇柴油机舱一景，图上是两
台MTU柴油机，柴油机上方是废气冷却器

▲ 206级潜艇U-21艇螺旋桨—电力—发动机上方的舷边狭通道，通向操舵机，操舵机位于潜艇耐压体的尾部。通道的左边和右边可以看见两台发动机的废气冷却器

206A级潜艇改装工作的设计和定型仍由吕贝克设计研究所负责，位于基尔的HDW船厂是总承包商，负责总体改装工作，位于蒂森的北海船厂参加部分改装工作，这两家船厂均参加过206级潜艇的建造工作，都有改装所需的技术和丰富的经验。

206A级潜艇改装合同于1982年底签署，1984年10月1日，第一艘潜艇进行为期18个月的改装，1986年4月1日该艇开始为期1年的性能测试，1987年4月1日重新服役。

从1987年6月开始，每年都有2艘~4艘潜艇进入HDW船厂和蒂森北海造船厂进行改装，改装时间一般为1年半到2年之间。

206A级潜艇的改进主要体现在蓄电池、控制台、声纳、火控系统、指挥舱和艇体等几个方面。

（1）蓄电池。

1978年，206A级潜艇进行首次大修。大修期间为206A级潜艇安装了一种新型高功率铅酸蓄电池，这种蓄电池由VARTA公司（2×16VR9A）、W. Hagen公司（2×32PS12A）和吕贝克设计研究所分别在1970年和1975年合作生产。这种新型铅酸蓄电池与之前的管型蓄电

S 181

池相比，其能量密度提高了近20％。

（2）控制台。

206级潜艇上各种专用的控制台特别多，在战术决策以及使用武器装备时，很难快速拟定最佳位置。在改进中，206A级潜艇将各个控制台组合起来，提高整个系统的工作效率和实用性，加快拟定目标位置、确定目标数据的速度，缩短反应时间，使潜艇的武器装备可以同时攻击多个目标或远距离目标，缩短进入战斗状态的时间，提高定位装置与战斗指挥装置的稳定性。

（3）声纳。

改装后的206A级潜艇放弃了原先的WSU远程声纳装置，采用了KAE制造的DBQS-21D改良综合声纳装置。该声纳由一台人工智能多用途控制台控制，各种数据均显示在彩色显示器上，各种参数一目了然，在极短时间内便可了解水下情况，极大地减轻了操纵人员的劳动强度。

（4）SLW83型火控系统。

SLW83是206A级潜艇的鱼雷射击火控系统，由DBQS-21D声纳传感器和指挥舱的操作台两部分组成。

DBQS-21D声纳传感器包括：被动声纳圆柱形基阵、主动声纳圆柱形基阵、被动声学测距声纳和警戒声纳装置等四种传感器。

被动声纳圆柱形基阵位于潜艇首部导流罩下，直径为2.8m的钢质空心圆柱体内可以安装2×48纵向基阵。电压脉冲从基阵开始，通过耐压舱体的绝缘套管，最后被输送到潜艇舱内。每根绝缘套管有32个插塞连接以及与之相连的前置放大器。每个插塞连接都是接收组的一部分，因此这种声波探测器需要三个绝缘套管。

主动声纳圆柱形基阵位于潜艇中前部的导流罩下。直径为0.85m的钢质空心圆柱体内有24个纵向换能器。通过艇首的大型圆柱形基阵可以接收发射的声纳脉冲。紧急情况下，主动声纳的小型基阵也可以用作声学信号的接收基阵。

潜艇侧舷各安装3个被动声学测距声纳，潜艇主舱体下部的前后各安装一个被动声学测距声纳基阵，潜艇尾部的大型圆形基阵涂层上也安装此基阵。这些被动声学测距声纳基阵之间的距离大约为10m。每个被动声学测距声纳基阵由一块钢板组成，每块钢板上有20个水听器。

警戒声纳装置的作用是在声纳频率范围内探测敌方的位置，频率提高后，换能器的体积可以变得更小，864个药丸大小的换能器平均分布在接收基阵处，可以起到测向的作用。接收基阵用聚氨酯浇注为圆柱形，从而与被动声纳的导流罩形状相符；探雷声纳接收到鱼雷的声学信号后，通过控制导线传将其传输到潜艇舱内。

SLW83鱼雷火控系统还包括4台控制台，用于声纳显示、战位分析和战斗系统，每个控制台拥有2台15英寸显示器及其配套硬件。

第一控制台：通常作为被动声学测距声纳脉冲和声纳警戒脉冲的方向指示器。上方的显示器能够有选择地显示脉冲分析、样本比较和声束；下方的显示器能够显示包络线，带自动目标跟踪系统，最多可跟踪八个目标，同时还可以显示声纳警戒信息。所有操作台的显示器都能够显示全方位的声响。必要的话，下方的显示器也能够显示主动声纳的一些数据。

第二控制台（声纳分析和位置）：通常情况下，第二控制台的显示器主要显示被动声学测距声纳测距的结果（包括方位、距离、航线和速度）和声纳信息处理器（SIP）的结果，显示目标的运动，用于精确打击远距离目标，在转弯的情况下辅助自动目标跟踪系统的工作，还能辅助分析被

S 181

动目标数据，例如，比较被动基阵的鱼雷接收信号和舰艇接收信号。

第三控制台（位置拟定）：第三控制台的显示器主要以图像（显示方位—刻度或者显示地理位置）、文字和数字的方式显示位置。根据显示器的显示，能执行一些战术导航任务，如计算着弹点、决定接近目标的地点、接近目标的最短距离、绕开船只及路标导航等。

第四控制台：第四控制台的主要任务是控制使用鱼雷。显示器主要显示一些评估结果，例如，鱼雷的主动定位是否正确，鱼雷发射管和鱼雷的状况是否良好，鱼雷的控制及发射方案是否合理等。位置—控制台实行目标指示后，鱼雷控制台会用图像显示射击方案。确定了最佳射击方案之后，操作员决定最佳发射时刻。然后，通过计算机的操作将鱼雷置于待命位置，此外还可以通过手动控制或者根据自控鱼雷反馈的信号将鱼雷放置到待命位置。如果需要两枚鱼雷分别攻击两个目标时，那么第二枚鱼雷由第

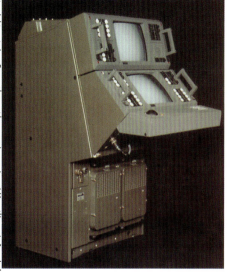

▲ 阿特拉斯公司生产的SWL 83装置的
BM 802操作台

三控制台控制，当出现第三个目标时，由第二控制台控制第三枚鱼雷。

此外，SLW83鱼雷火控系统吸取STU 5号模拟训练潜艇的长处，安装了两台自动记录仪、一台潜望镜—输入设备及其附属装置、配电箱。该装置所有组成部分都是比较容易替换的，共有28台只读处理器。为了达到最高的计算机效率，使用的是68020微处理器。通过安装一个特殊的消声装置，空气噪声可以降低到50dB以下，装置产生的热量，可以通过潜艇的散热系统排出。

（5）指挥舱。

指挥舱四部控制台全部安排在右舷的振动不大的部位，操作台间不需采取隔振措施，虽然这种布置紧凑，但对散热装置提出了特别的要求。

206A级潜艇装备了一套包括探测定位、武器控制系统和操纵系统所需的外围设备在内的中心操艇和指挥系统，还确定了一种可满足鱼雷火控系统最低要求的系统，可指示潜艇所处的战斗位置、环境和武器的使用情况。该系统有战位指控台和武器控制台，战位指控台可显示声纳探测的水下方位和其他信息，指挥员可根据这些信息做出战斗决策；武器控制台以图解方式指示武器的使用情况，并可遥控发射鱼雷。

▼ 206A级潜艇指挥舱的布局（平面图和截面图）

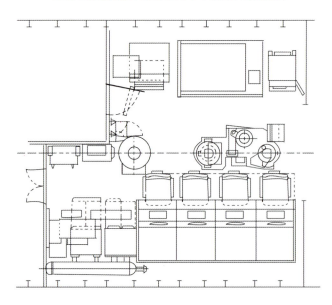

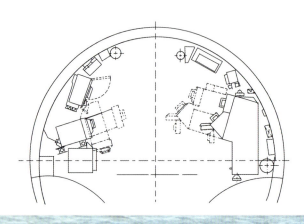

▲ U-23（206A级）艇指挥舱左舷，上图右边是新型潜望镜，这种潜望镜的视角是固定的，但是其镜头可以旋转，左舷耐压舱壁处是一张宽阔的自动标图桌

▼ U-23艇指挥舱右舷，图右下方是鱼雷发射控制台，位置拟定控制台，舱壁前面是两台声纳—显示控制台

声纳、战位指示和武器控制系统上均装有故障诊断系统，可诊断出故障部件及其位置，为操纵人员提供了最佳的冗余和故障排除方法。

（6）艇体。

改装中，潜艇的外观基本没有改变，保留了艇首的大型圆形基阵，但是为其安装了新的接收器。主动基阵的透声外壳有所减小，升降装置也做了一些改变。

（7）导航系统。

206A级潜艇拆除了206级潜艇上采用的导航系统，取而代之的是精度更高的导航系统，新系统上的高精度陀螺罗经可提供符合要求的方位角和水平参数，另一台陀螺罗经可作为备用设备。艇上装备了全球卫星导航系统，以取代206级潜艇上的"台卡"MK21型无线电导航系统。

（8）购置新型训练设备。

205级和206级潜艇的作战指挥员均在埃肯福德海军学校的潜艇武器训练设备上进行训练。针对206A级潜艇，德国海军采购了一套新型训练设备，它不仅可完成一般艇员的技术培训，而且还可进行军事专业训练和软件设备的维修保养以及更换部件的训练。

（五）综合评价

虽然206级潜艇的最初设计是基于205级潜艇，但有其许多独特性，如：采用了全新的武器控制系统；艇型不同于以往任何潜艇；没有耐压水密分舱；在发动机舱与艇员住舱间敷设了消声涂层，提高了潜艇的舒适性；通过机舱外控制实现发动机的自动运行。这些设计理念对未来潜艇发展产生了重大的影响。

206级潜艇在德国潜艇设计史上起到了承前启后的重要作用，是"继往开来"的一型潜艇。

五、国际宠儿——209级潜艇

（一）研制背景

第二次世界大战结束后，德国的潜艇建造业曾停滞了一段时间。从20

世纪60年代初期开始，联邦德国潜艇建造业步入了快车道，从旧艇改造转入到新型潜艇的研制，陆续建成了201级、202级、205级、206级常规潜艇。但是，由于战后联邦德国军事装备的发展受到限制，上述几级潜艇的排水量均在350t~500t之间，后来放宽到1000t。

上述各级潜艇的研制，表明德国的潜艇设计与建造能力达到一定高度。但是，由于联邦德国海军拥有潜艇的数量和吨位均有限制，不可能有更多的国内订货，这样促使联邦德国潜艇工业转向出口市场。为促进潜艇出口，联邦德国专门成立了一个由吕贝克设计研究所、HDW船厂和罗斯塔尔·埃森公司联合组成的潜艇出口集团，分别负责潜艇的设计、建造和推销工作。209级潜艇就是联邦德国专为出口而设计的潜艇。

（二）研制过程

20世纪60年代，联邦德国计划为本国研制新一代常规潜艇，将其吨位定位为高于1000t。在此期间，联邦德国在205级潜艇的基础上，通过改进设计，加大艇体长度，研制出了专门用于出口的209级潜艇，联邦德国并没有装备该型潜艇。

209级潜艇是一种采用常规柴—电动力装置的潜艇，与205级潜艇相比，在水下续航力和下潜深度等方面有明显改善。209级潜艇具有较强的

战斗力和生命力，可在广阔的海域内进行战斗，执行反潜、反舰、布雷和侦察等多项任务。

为了满足不同国家的需要，209级潜艇共设计有5种型号，即1100型、1200型、1300型、1400型和1500型，各种型号的基本性能参数见表10。

209级潜艇性能优良、价格不高，对中小国家具有很强的吸引力。209级潜艇推出以后，很快受到国际潜艇市场的认可，先后出口到希腊、阿根廷、秘鲁、智利、土耳其、哥伦比亚、委内瑞拉、印度尼西亚、巴西、厄瓜多尔、韩国及印度等10多个国家。

首艘209级潜艇是为希腊建造的"灰鱼"号，该艇于1968年9月开工建造，1970年9月下水，1971年9月交付使用，后来又陆续为该国海军建造了8艘。

表10　209级潜艇基本性能参数

型号 参数	1100	1200	1300	1400	1500
总长/m	54.4	55.9	59.5	61	64.4
宽度/m	6.2	6.3	6.2	6.6	6.5
吃水/m	5.5	5.5	5.5	5.5	6
水上排水量/t	1100	1248	1260	1260	1450
水下排水量/t	1210	1440	1390	1440	1850
水上航速/kn	11	11	11	11	15
水下航速/kn	21.5	21.5	22	21.5	23
水上续航力/（n mile/kn）	—	8000/8	8250/8	8200/8	8000/8
水下续航力/（n mile/kn）		400/4	400/4	400/4	—

土耳其、巴西和韩国等国也都先后与联邦德国签署了采购协议，以合作的方式建造209级潜艇。

土耳其共分两次订购了14艘209级潜艇，分别是6艘209级1200型和

S 181

8艘209级1400型。209级1200型的首艇于1976年3月12日服役，最后一艘于1990年6月29日服役，该级潜艇的前三艘在联邦德国建造，后三艘由德国提供帮助，在土耳其建造。在认可了209级潜艇的性能之后，土耳其于1987年签署了两艘209级1400型潜艇的建造合同，1993年签署了另外两艘的合同，最后四艘的合同于1998年7月22日签署。该级潜艇的首艇于1994年3月22日服役，最后一艘于2007年服役，目前8艘全部在役，这8艘潜艇全部由德国提供技术帮助，在土耳其建造。

▲ HDW船厂制造车间，中间是出口南非的209级1400型潜艇

1981年，印度与联邦德国签署了合作协议，建造4艘209级1500型潜艇，根据双方的合作协议，前两艘在德国建造，后两艘由德国提供帮助，在印度的马扎冈船厂建造，目前四艘全部在役。

巴西从1982年开始与联邦德国联合建造4艘209级潜艇，首艇于1985年3月8日开始建造，1987年4月28日下水，1988年10月22日服役，后三艘由德国提供技术帮助，在巴西的里约热内卢建造。

1988年，韩国与联邦德国签署了合作建造9艘209级1200型潜艇的协

S 181

议，首艇由德国HDW船厂建造，其余潜艇全部由德国提供部件，在韩国的大宇船厂建造。2000年12月，由韩国大宇造船厂建造的最后一艘209级1200型潜艇加入韩海军作战序列。至此，韩国从德国采购和自建的总共9艘209级潜艇全部建成服役。

1999年12月，南非与德国签署协议，建造3艘209级1400型潜艇，首艇于2001年5月22日开始建造，最后一艘于2007年7月服役。

（三）性能特点

209级潜艇备受各国海军青睐，在国际上畅销不衰的原因主要有如下几点：一是该级潜艇战技性能先进，优于或至少不低于其他出口国家的潜艇；二是德国潜艇建造技术位于世界前列，不仅有丰富的建造经验，而且具有良好的质量信誉；三是该级艇的排水量大小适中，形成系列，可供用户自由选择，满足其不同需求；四是周到的售后服务，交艇后可继续提供技术保障和修理服务，确保零部件和配件供应；五是可实行技术转让，帮助用户建造潜艇，包括代培接艇人员；六是价格比较便宜，如近年韩国采购的209级潜艇，每艘才1.9亿美元，大大低于一些国家出口潜艇的价格。

从技术角度上看，209级潜艇综合性能兼优，战斗力与生命力较强，具有如下技术特点：

（1）艇型设计优良，水下航速高。

209级潜艇采用单壳体结构，艇体线型为"鲸鱼"形。首部为长椭圆形，尾部为水滴型尖尾，艏部和尾部横剖面呈圆形。首部布置有可伸缩的水平舵，艇尾有不对称的十字形操纵面；艏部布置有流线型指挥台围壳。水平操纵面靠首部，垂直操纵面稍靠后，尾操纵面后面的尾轴上装有一个大型5叶螺旋桨。

209级潜艇的设计比较注重提高水下航速。因为该级潜艇的船舷较低，储备浮力和压载水柜较小，所以水下最大航速可达23kn，水上航速则达15kn，短粗形艇体在减轻重量的同时，增大了耐压壳体内的容量。

（2）结构布置合理，居住性良好。

209级潜艇的首尾两端为非耐压壳体，4个主压载水舱首尾分别布置2

S 181

个，艇体底部有一小型龙骨。耐压艇体采用优质HY-80高强度钢制成，根据用途从首至尾依次划分为5个舱：鱼雷舱、前蓄电池舱、指挥舱、后蓄电池舱和机电舱。除机电舱外，其余各舱采用双层布置，艇内未设置高强度耐压隔壁。鱼雷舱位于首部，上层设有8具鱼雷发射管，下层为鱼雷补重水舱和纵倾平衡水舱。前蓄电池舱上层为居住区，下层是蓄电池组。中间是指挥舱，上层是作战指挥中心，设有通气管装置、2具潜望镜及升降装置等；下层是辅机舱及调整水舱。指挥舱的旁边是后蓄电池舱，上层是机械控制中心，可直接操纵推进系统的所有机电设备以及辅机装置。尾舱是机电舱，前部布置4台柴油发电机组，后部布置1台双电枢主推进电机。

209级潜艇尽管型号众多，排水量与艇体长宽比各不相同，正常排水量最大的达1450t（1500型），最小的只有1100t（1100型），但是它们具有一个共同的特点就是艇员的居住条件较为舒适。由于209级潜艇的集中控制与自动化水平不断提高，潜艇本身可靠性高、维修工作量小，因而艇员编制相对减少，只有其他国家常规潜艇人员编制的2/3，这样可保证每个艇员有一个床位。艇内还装有空调设备，对改善居住条件有很大帮助。

（3）噪声低，隐身效果好。

为了降低噪声，209级潜艇采取了行之有效的措施：一是采用最大转速为200r/min的大型5叶低噪声螺旋桨，单轴推进；二是柴油发电机组采用双层弹性减振基座；三是采取全封闭机舱。这些措施降噪效果明显，为

各国海军潜艇所普遍采用。

（4）救生设备先进，安全性高。

209级潜艇的救生设备性能先进、安全可靠。艇内装有包括联氨气体发生器的应急吹除系统。该系统在高压氮气作用下，联氨可自行分解成氢气、氮气和氨气，产生高压气流冲入主压载水舱，使潜艇快速上浮。艇员的脱险主要采用"自由上浮法"，上浮到水面后，由两个事先用高压空气推到艇外的救生筏搭救。出口到印度的209级1500型潜艇采用了更为先进的救生装置，该装置由直径为2.6m的耐压救生球和嵌在潜艇上部的一个浮力箱组成。在逃生时，浮力箱托起装载脱险艇员的耐压球浮出水面，耐压球的上浮速度为1.5m/s，艇内40名艇员可一次性脱脸。

（5）动力与推进系统先进，蓄电池寿命长。

通常情况下，209级潜艇的动力推进系统由4台MTU公司的12V493AZ80型低磁柴油机各配1台AEC公司的直流发电机和1台西门子公司的主推进电机组成。柴油机是四冲程预燃式水冷、非增压V型12缸柴油机，单机功率为441kW～551kW（600马力～750马力）；发电机功率为405kW。主推进电机为双电枢低速电动机，额定功率为3675kW。电机最高转速为200r/min，通过弹性联轴节驱动1个大直径螺旋桨。

蓄电池组是水下航行的主要动力源。209级潜艇共装有4组管状结构铅酸电池，每组120块，每块重390kg。蓄电池组总体积几乎占艇内总容积的11.4%。这种铅酸电池具有较高的抗冲击性以及快速充电能力，其充电次数可达1250次，使用寿命达5年以上。蓄电池组的充放电均采用遥测监视和自动控制管理。

（6）水声设备与电子系统先进，探测能力强。

209级潜艇装备的水声设备主要有CSU-3和CSU-83声纳，均由德国制造。CSU-3型综合声纳系统由艇首的被动声纳、中部的主动声纳和PRS3～4被动测距声纳组成。被动声纳基阵直径为3m，该声纳系统既用于远程被动警戒，又可用于主动搜索定位，还可用于被动测距、测向和定位。此外，该系统具有计算目标航向和速度的功能，可同时跟踪4个目标。CSU-83声纳由CSU-3声纳改进而成，是一型很先进的声纳。除原有的主、被动声纳和测距声纳外，209级潜艇还加装了舷侧被动基阵和拖曳基阵声纳。出口到各国的209级潜艇有的装有该型声纳，有的则装有法国生产的DUUX-2型被动测距声纳。

209级潜艇装有CSF-Ⅱ型I波段水面搜索雷达、制导雷达（用于"鱼叉"反舰导弹）、警戒雷达以及导航设备、水下通信设备等电子设备。导航设备主要有电罗经、备用电罗经、计程仪以及"奥米加"及"罗兰"C等导航系统。通信设备主要有2台单边带高频发射机、2台宽频带高频接收机和1台超高频收发机等。另外，艇上还装备有雷达侦察仪和电子对抗设备。

（7）武器威力大，自动化程度高。

209级潜艇的主要武器是8具533mm鱼雷发射管。该发射管可在大深度下发射包括线导鱼雷在内的各型鱼雷。该级潜艇通常携带14枚鱼雷，其中6枚为备用鱼雷。艇上未设专用鱼雷装载舱口，通过水线以上的2具鱼雷发射管可将鱼雷装填入舱，舱内的备用鱼雷可通过装卸装置装填入管。

▼　209型潜艇下水

209级潜艇最初使用的是DM-2A1反舰鱼雷和DM-1反潜鱼雷。后来全部改用更先进的SST-4型和SUT型反舰/反潜两用鱼雷。此外，根据各国的不同情况，各国装备的鱼雷也都有所区别。某些国家的209级潜艇还使用了美国的NT-37C型反潜鱼雷、意大利的A184型线导鱼雷或者英国的MK24-1型"虎鱼"线导鱼雷。SST-4型鱼雷全长6.08m，直径533mm，重量为1414kg，战斗部重量为260kg，推进动力为银锌电池，制导方式为线导加主/被动声自导。33kn航速时，射程为13km；23kn航速时，射程为26km；最大发射深度为100m。SST-4型鱼雷的战斗部的爆炸威力相当于500kg TNT炸药，而且这种鱼雷航速快、射程远、发射深度大。在敌目标高速机动时，该鱼雷制导/控制装置可从母艇接收信号，自动修正攻击方向；当接近目标时，它们则通过主/被动寻的导引头对目标实施攻击；在攻击失败后，还具有再攻击能力。SUT型鱼雷性能与SST-4鱼雷相近。

除了鱼雷之外，某些国家购买的209级潜艇上还装有美国制造的"鱼叉"反舰导弹。潜射"鱼叉"反舰导弹最大射程为110km，巡航速度 $Ma=0.75$，巡航高度为61m（中段）/15m（末段），发射重量为667kg；中段惯性制导，末段主动雷达导引；半穿甲爆破型战斗部重230kg，采用延迟触发和近炸引信。某些国家购买的209级潜艇装有英国制造的"斯拉

▲ 209型潜艇结构图

姆"对空导弹系统。"斯拉姆"防空导弹系统由英国维克斯造船有限公司于1968年开始研制,1972年进行海上发射试验,1973年开始装艇使用。"斯拉姆"导弹系统布置在潜艇指挥台围壳内的一个专用的耐压容器中,可发射6枚经改进的"吹管"导弹。209级潜艇可以在水面状态或通气管状态下发射 "吹管"导弹,在发射时利用升降桅杆将发射装置升起,在艇内对目标进行搜索、跟踪及导弹发射。"吹管"导弹长1.35m,直径76mm,弹重11kg,飞行速度Ma=1.5,射程为3km。

此外,209级潜艇设有作战情报处理中心,装备的TIOS型指控系统,可同时给出8个以上目标的运动要素及方位时间轨迹图像。另外,209级潜艇还装有M8/14型鱼雷火控系统。

（四）综合评价

209级潜艇在德国的潜艇发展历程中占据了重要的地位,是德国设计的最为成功的潜艇之一。以其性能先进、价格便宜等特点,受到了诸多国家海军的青睐,成为"国际宠儿"。

同时,德国在外销209级潜艇的过程中,大多采用了合作的方式,不仅出口潜艇,也对外开展技术转让,满足了许多国家对本国研制潜艇的需求,为世界潜艇技术的发展发挥了巨大的推动作用。

六、出海蛟龙——212A级潜艇

（一）研制背景

柴—电推进常规潜艇由于安装蓄电池组的数量与容量均有限，潜航时间受到限制。航行中的潜艇每隔一段时间（多至1天～2天，少则几个小时）就需上浮到水面，用柴油发电机为蓄电池组充电，这样势必增加潜艇的暴露率，降低其生存与作战能力。

为解决这一难题，世界各海军强国纷纷开始研究一种不依赖空气的动力装置，简称AIP系统。德国是最早研究AIP系统的国家之一，早在第二次世界大战期间，德国曾研制成功"沃尔特"闭式循环汽轮机，但因效率太低、安全性差而未能大规模采用。进入20世纪50年代后，联邦德国同时开展了燃料电池和闭式循环柴油机两种AIP系统的研究工作。到了20世纪80年代，联邦德国的两种AIP系统也已逐步进入实用阶段。相比较而言，燃料电池的性能更为优越，最终将其作为重点研究和应用对象。

▼ 212A级潜艇结构图

　　1984年，联邦德国HDW船厂将燃料电池系统装于潜艇分段内，进行了全面的陆上试验。试验表明该系统可以运行，而且安全可靠。1987年，联邦德国又将这种AIP系统加装到205级潜艇U-1艇上，在海上成功地进行了6个月的试航，验证了该系统的适用性。

　　1990年，德国海军开始酝酿以209级1200型潜艇为母型，通过加装燃料电池AIP系统，设计世界上第一艘装备燃料电池AIP系统的潜艇，并换装性能更好的声纳、潜望镜及武器系统等，这就是212级常规潜艇。此后，为了满足意大利的需求，德国又对212级潜艇设计进行了修改，并最终定型为212A级潜艇。

　　（二）研制过程

　　德国的AIP潜艇经历了漫长的研制过程。在此之前，曾研制过208级、210级和211级潜艇，在放弃了多种设计之后，选择了212级潜艇设计，并经过改进，定型为212A级潜艇。

▲　210级潜艇发动机模型

按照20世纪60年代的计划，联邦德国在20世纪70年代研制的潜艇由24艘较小的作战潜艇和6艘较大的猎潜潜艇组成。为了使猎潜潜艇具有较快的航速和较大的续航力，考虑在该潜艇上使用AIP系统。为此，联邦德国对各种AIP系统进行了比较，其中包括"沃尔特"闭式循环汽轮机、斯特林发动机、闭式循环柴油机和燃料电池等，并将该潜艇设计命名为208级潜艇。

20世纪60年代末，由于经济方面的影响，使得208级潜艇的研制一度处于停滞状态，缺乏资金进行相关的研发和试验。与此同时，燃料电池、"沃尔特"闭式循环汽轮机等多种AIP系统都处于研究阶段，没有成熟的AIP系统可以应用。因此，联邦德国于1971年决定推迟208级潜艇的研制，直到AIP系统成熟。

大约在同一时间，挪威也根据本国的需求，向联邦德国提出了潜艇设计要求。1971年，吕贝克设计研究所向挪威提出了设计方案，挪威将其命名为"乌拉"级潜艇，而联邦德国海军则称之为210级潜艇。由于考虑到联邦德国与挪威之间的合作可能性，该项潜艇交易被推迟了一段时间。1974年，联邦德国与挪威签署了共同研制210级潜艇的合同，合作费用由两国共同承担。

尽管两国签署了合作协议，但是，由于在潜艇的研制过程中双方存在不同的需求，在210级潜艇项目上发生了分歧，导致联邦德国于1977年宣布从210级潜艇设计中退出。该级潜艇最终仅为挪威建造了6艘，即"乌拉"级常规潜艇。

由于AIP系统的研究进展缓慢，一直没有适合208级潜艇的AIP系统可以使用，联邦德国最终在1982年取消了该项目，并继续制定新的设计概念。在新的设计中考虑了北约的作战需求，并将该潜艇设计命名为211级。

根据设计要求，211级潜艇将用于在北海和北大西洋海岸附近作战。基于这个要求，潜艇需要不补加燃料就可以从德国到达该区域，同时希望提高潜艇的续航力。此外，还需要降低潜艇的声、磁等信号特征，提高潜艇的隐身能力，并装备先进的电子系统和武器系统。

与206级潜艇相比，211级潜艇的排水量有所提高，达到1500t左右，同时保留一定的改装余地，使得潜艇可以装备导弹、防御鱼雷等有效负载，以及安装AIP系统等。

但是，由于在研制过程中潜艇设计不断发生变化，在原来211级潜艇的基础上又进行了比较大的改动，联邦德国最终选择了蒂森北海造船厂的设计方案，并在此基础上作进一步的发展。1987年5月，德国海军决定在211级潜艇的概念设计基础上设计一种新的潜艇。211级潜艇所取得的研发成果全部用于新潜艇，在新潜艇上装备燃料电池AIP系统，该潜艇设计被命名为212级潜艇。

1987年9月25日，吕贝克设计研究所得到价值4500万马克的合同，用来研制212级潜艇。通过评估分析，由于HDW船厂生产的燃料电池装置在脉冲点、功率密度及氧气的安置等方面均达到了要求，因此被选定作为潜艇的AIP系统。此外，212级潜艇的鱼雷发射管也由HDW船厂提供。

与206级潜艇相比，212级潜艇在多个方面体现了技术进步：光滑的外壳可以减小流体噪声，改进流水孔设计可减少阻力，提高下潜速度；采用弹性减振基座，提高减振性能；新型推进电机在低转速时效率更高；潜艇艇首的双层甲板结构改善了艇上的居住条件，27名艇员有充足的床位，洗澡间和卫生间是分开的，厨房功能齐全。

1988年12月6日，212级潜艇开始第2阶段的设计，在设计过程中注重降低潜艇成本。1989年11月1日，212级潜艇设计阶段结束。212级潜艇的设计方案于1991年11月获得德国国会通过，1994年财政拨款建造首批4艘该级潜艇，总承包商是ARGEU212集团公司，该集团包括HDW船厂、蒂森北海造船厂和费罗特公司。212级潜艇设计方案出台之后，引起了许多国家的重视，意大利海军提出了订购要求。为了兼顾意大利海军的要求，德国对212级潜艇的设计方案进行了修改，其中包括增加潜艇的下潜深度，提高潜艇的适居性等，形成的最终方案被命名为212A级潜艇。

2000年2月，HDW船厂在新的潜艇车间开始建造第一艘212A级潜艇

U−31艇，全部4艘212A潜艇由HDW船厂和蒂森北海造船厂联合制造。通过新的工作分工，使尽可能多的同类工作在同一工厂内进行，以实现连续生产。艇体前半部，包括新式的鱼雷装置以及中心段和中央上层建筑，由HDW船厂与蒂森北海造船厂共同建造，而艇体后半部与传动部分则由位于埃姆登的蒂森北海造船厂建造。

2002年3月20日，U−31艇在HDW船厂的建造车间举行命名典礼，2005年10月19日正式服役。目前，德国海军的4艘212A级潜艇已经全部服役。

▲ 212A级潜艇在蒂森北海造船厂的车间中进行建造

▲ 212A级潜艇中段耐压壳在HDW船厂的车间中进行建造

▲ 212A级U-31艇艇体后半部在蒂森北海造船厂的工厂中进行生产

▲　在蒂森北海造船厂把推进电机装入U–31艇

▲　在蒂森北海造船厂的车间制造1号隔声舱

▲ 由蒂森北海造船厂制造的U-31艇的后半部挂在两部起重机上

▲ 在HDW船厂制造车间的U-31艇

▲ HDW船厂的潜艇车间举行U-31艇下水仪式

▼ U-31艇从HDW船厂的潜艇车间向船台牵移

▲ U-31艇停泊在基尔湾港口

▼ U-31艇试航

▲ 蒂森北海造船厂建造的U-32艇的首部

▼ U-32艇的前半部艇体进入蒂森北海造船厂的潜艇安装车间，与后半部艇体连接，右边安装轨道上是U-33艇的部分舱段

▲ U-32艇从蒂森北海造船厂的潜艇车间移出

▼ U-32艇在蒂森北海造船厂举行下水仪式

▼ HDW船厂制造车间，中间是U-31艇，右边是快完工的-32艇首部，左下方是214级潜艇的艇首段

▼ HDW船厂制造车间，右边是U-33艇的前半部，中间是出口南非的209级1400型潜艇，左边是出口希腊的214级潜艇

S 181

212A级常规潜艇以潜航时间长（2周～3周），隐蔽性好，作战能力强等特点闻名于世，备受各国海军关注。212A级潜艇基本性能参数见表11。继第一批4艘艇之后，德国海军又订购了第二批共两艘艇，计划分别于2012年和2013年交付德国海军。2007年8月21日，德国海军第二批212A级潜艇中的第一艘在HDW船厂举行了开工仪式。

表11 212A级潜艇基本性能参数

总长/m	55.9
宽度/m	7
吃水/m	6
排水量（水上/水下）/t	1450/1830
航速（水上/水下）/kn	12/20
水上续航力（n mile/kn）	8000/8
下潜深度/m	200
自持力/天	49
艇员/名	27

（三）性能特点

212A级潜艇具有以下技术特点：

（1）艇体线型流畅，结构布置合理。

212A级潜艇的艇型是长宽比最佳的水滴形线型。首部略向下沉，使被动声纳基阵具有良好的工作环境，尾部呈尖锥形，艇体舯部偏前部位有一小型指挥台围壳，围壳具有良好的流线型，其上装有水平舵，尾舵为"X"型。

212A级潜艇的舱室按照用途可划分为4个：Ⅰ舱是居住舱与武器舱；Ⅱ舱是指挥舱；Ⅲ舱是燃料电池舱；Ⅳ舱是动力舱。除了动力舱外，其余各舱均分三层布置。Ⅰ舱上层是艇员居住舱；中层前部布置有6具鱼雷发射管，后部左舷为备用鱼雷存放区，右舷为居住室、厨房和餐厅；下层为蓄电池存放室，其前方布置有纵倾平衡水舱。Ⅱ舱上层是操纵控制和作战指挥中心；中层前部布置有各类电子仪器室，后部为艇务操纵设备；下层布置有储存室、液舱和其他设备。Ⅲ舱位于耐压圆锥分段内，液氧储存柜布置在动力舱外的甲板下面，氢储存柜布置在动力舱外下部的舷间，燃料电池系统的主要设备亦分3层布置。Ⅳ舱上层前部安装有柴油发电机组及其配套的辅助设备，这部分设备装在一个无需人工操纵的专用密封舱内。后部安装推进电机及其相应的附属设备；下层布置有燃油舱、淡水舱和纵倾平衡水舱等多个液舱。

212A级潜艇的首部非水密空间比较大，被动声纳的圆柱形声纳基阵布置在底部；探雷声纳基阵布置在顶部。艇的尾部布置有轴系、螺旋桨及尾舵操纵杆等设备。指挥台围壳内布置有攻击潜望镜、搜索潜望镜、通气管装置、雷达天线和鞭状天线桅杆等升降装置，以及侦察声纳基阵和拖曳线列声纳的收放装置等。压载水舱分别布置在舷间、首部和尾部。

德国常规潜艇长期采用单壳体结构形式，但212A级潜艇则一反常规，采用了单双混合壳体结构。耐压体由前后两个直径不同的圆筒组成，圆筒之间由加厚板制成的耐压锥体连接，耐压壳体前后两端均采用模压球形封头。前段直径较大，其底部与非耐压壳体合二为一，壳体内设双层铺板；后段直径较小，只设一层铺板。耐压壳体用高强度低磁钢制造，壳体内未设高强度耐压隔壁。

212A级潜艇艇体外形平滑光顺，流体性能极佳，不仅阻力小，机动性好，在给定的功率下能获得高航速和良好的操纵性，而且湿表面面积小，可减少主动声纳可探测的反射面积，从而提高了潜艇的隐身性。由于结构布局合理，艇体材料性能先进，所以该级潜艇的结构具有较好的抗冲击能力。

▲ 212A级潜艇布置图

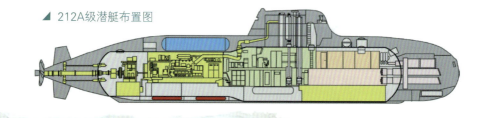

（2）混合动力系统性能优越。

212A级潜艇的动力装置是由燃料电池动力系统和柴—电动力系统组成的混合动力系统。燃料电池动力系统由9组质子交换膜燃料电池、14t液氧储存柜和1.7t气态氢储存柜等三部分组成。燃料电池装置本身由热交换器、排出泵、冷却水泵、催化剂罐、燃料电池电子设备、开关板、滤波器、逆变器、冷却水箱和废水箱等设备组成。该系统的工作原理是：将氢燃料和氧化物放到特殊燃烧室内进行电化学反应，直接转换成电能，输出的直流电可直接驱动电动机，电动机带动桨轴，推进潜艇航行。该系统无需发电机及变压器，电能转换率达60%。212A级潜艇采用的质子交换膜燃料电池的输出功率为每组34kW，总功率为306kW。

柴—电动力系统由柴油发电机组、蓄电池组和配电设备组成。柴油机是德国MTU公司生产的1台16V396型废气涡轮增压高速柴油机，功率为3120kW，转速为2000r/min。发电机是装有串联整流器的无电刷交流永磁同步电机；推进电机为低速直流电动机，额定功率为2850kW，最高转速为200r/min。柴—电动力系统中的蓄电池组能满足潜艇高低速航行及全艇电网供电要求。

由于212A级潜艇是将燃料电池动力系统用于水下长时间巡航，所以水下续航力成倍增长；柴—电动力系统用于该艇作战时高速航行。该级潜艇使用的燃料电池尺寸小、无腐蚀、功率密度大、使用寿命长。单靠燃料电池航行时，最大航速可达8kn。当以4.5kn航速潜航时，该电池还可提供11kW的生活用电，同时续航力可达1250n mile，潜航时间达278h。

柴—电动力系统的发电机重量轻、体积小、功率高。推进电机配备有高性能的无级调速装置，可任意调节该艇的航速。仅由柴—电动力系统蓄电池组供电时，水下最大航速达21kn，续航力提高8%，以4.5kn巡航速度航行时，续航力只提高3%，表明这种改进的蓄电池组最适用于大电流放电。

上述两种动力系统既可单独使用，又可联合使用，并能相互补充。同时工作时，潜艇的水下持续航行时间可增加到364h以上，续航力达到1638n mile，比209级1200型潜艇的水下续航力提高了4.4倍，使该级潜艇的生命力与战斗力有很大提高。

（3）隐身性设计卓有成效，综合隐身性能好。

为了降低212A级潜艇的目标特征，设计时采取了一系列行之有效的措施。在降低本艇噪声方面，主要采取了以下措施：

① 采用流体噪声极小的最佳流线型艇体，在外壳几乎未设突出附体，艇体与指挥台围壳上的开孔也减到最少。对于指挥台围壳大切口、升降装置开口、主压载水舱进排水口、鱼雷发射管出口等较大的开孔，都装设了活动盖板。因盖板能自动开闭，且采取无缝连接，使开孔处的涡流噪声降低。

② 尾部装有性能先进的大侧斜低噪声7叶螺旋桨，使潜艇三大噪声源之一的螺旋桨噪声大幅度下降。

③ 艇上的所有机械设备都经过严格的降噪设计。为了减少机械和结构振动向艇外传递能量，所有的设备均安装在高效能的弹性减振

▲ 212A级潜艇的大倾斜螺旋桨，带有7个较大叶宽的镰刀形叶片

基座上，与艇体相连的所有系统的管路都采用局部挠性连接。

④ 对另一主要噪声源——动力系统噪声源进行了重点设计，将主辅机集中布置在密封的动力室内，采用整体浮筏技术进行专门减振降噪。仅此一项措施，就使结构噪声降低了40dB，传递力减少了97%以上，大大增加了潜艇的安静性。

212A级潜艇在减小本艇的反射强度方面，采取了多项措施，例如：在外壳体与升降装置外表面涂敷了新型特种涂料，可吸收声波和雷达波等，使敌方声纳与雷达的探测距离明显缩小；除了外壳体采用低磁钢材料

外，在艇上安装了可靠的高性能消磁系统，它能随时监测本艇的磁场强度，当发现磁异常现象时，可及时为本艇消磁，从而能缩减敌方磁探测仪和磁引信武器的作用距离。

212A级潜艇安装燃料电池动力系统后，相对采用传统动力装置的潜艇，向海水辐射的热能很少，因此红外特征很小。该系统基本不向艇外排放废物，进一步降低了尾流特征。

（4）电子设备配置完善、功能齐全。

212A级潜艇的综合声纳系统由三部声纳组成：被动探测声纳是一部全方位的中频声纳，主要用于对中、近距离目标进行探测和跟踪，可同时跟踪4批目标，显示其真实方位、相对方位和方位/时间记录；被动测距声纳用于测量中远距离目标的方位和距离，对目标实施精确定位，在探测跟踪4批目标的同时，将信号传递给火控系统，不过该声纳只能在两舷±60°舷角范围内工作；侦察声纳是一部高频声纳，主要用于捕捉突然出现的鱼雷等高频脉冲信号。上述三部声纳能覆盖声信号的大部分频段，能接收除低频和超低频以外的所有海上目标信息，对所收到的信息进行分类处理和显示。低频探测声纳系统由两部声纳组成：舷侧阵声纳是一部中、低频被动探测声纳，基阵长约28m，布置在两舷的下部，它只能在两舷方向探测和跟踪目标，探测距离较远；拖曳线列阵声纳是一部低频和超低频的被动探测声纳，阵长40多米，用拖缆拖于指挥台围壳后面，该声纳主要用于远距离目标的探测，探测距离可达100km以上。本艇噪声监测控制系统的水听器在发现噪声超标和异常时，能对异常噪声特性进行及时分析，并采取相应的措施加以消除，避免本艇噪声超标而被敌人发现。

212A级潜艇上装备的1007型雷达具有较强的探测能力，主要用于导航和对海搜索，兼有对空目标搜索和指示能力。212A级潜艇的攻击潜望镜是209级潜艇潜望镜的改进型，改善了光学通道的性能，较大地提高了光传输能力和分辨力。在搜索潜望镜上加装了红外探测和微光夜视装置，提高了潜望镜的观测精度和夜间观测能力。

212A级潜艇的导航系统包括：惯性导航系统、姿态和航向参考设备、电磁计程仪、回声测深仪以及GPS。其中，惯性导航系统是德国研制

的PL41 Mk4。PL41 Mk4惯性导航系统由惯性测量装置、控制显示装置和电源连接装置组成。惯性测量装置包括惯性敏感器装置（ISU）和电子装置。惯性敏感器装置由3个28cm环形激光陀螺、3个加速度计和相关电子线路组成的速率偏置捷联式组件构成，速率偏置捷联式组件绕其垂直轴旋转，周期地改变方向。3个陀螺正交安装，它们的输出轴受旋转分量作用。这种速率偏置技术避免了低速率时激光陀螺的死区，即锁死作用的影响。电子装置包括惯性测量装置处理机、导航处理机、输入/输出处理机、外部接口和内部接口装置以及系统电源。

Mk4系统分为Mod1和Mod2两个版本，其中Mk4 Mod1系统的精度可以达到1n mile/8h。共有七国海军订购了59套Mk4 Mod1系统，最初的25套已经入役，其中12套装备于北约国家潜艇上。PL41 Mk4 Mod2在Mod1的基础上进一步提高了精度，可达1n mile/24h。该系统同样使用极低噪声的数字式环形激光陀螺（RLG），使潜艇惯导系统达到潜艇噪声的严格要求。德国和意大利订购了6套该系统，装备在212A级潜艇上。

▲ PL41 Mk4 Mod1（左）和Mod2（右）惯性导航系统

212A级潜艇的电子设备还包括1台雷达侦察仪和1台FL1800U型电子对抗仪。雷达侦察仪的天线安装在潜望镜上，随其一同升降。通信系统包括高频单边带电台、超高频和甚高频收发信机、高频接收机、中/低频接收机和水声通信机等。艇上还安装

▲ U–31艇指挥台围壳部分

有可伸缩的棒状天线，主要用于收发信号。

此外，212A级潜艇还安装有新型潜艇集中操控系统。该系统由计算机、总线、传感器、指令装置、显控台和控制板组成。将船、机、舵的操纵控制综合为一体，由1人在中央控制台操纵，可控制潜艇深度、航向、航速、纵倾和补重等状态参数，操纵控制过程完全自动化。

（5）鱼雷性能优良，发射方式灵活。

212A级潜艇首部装有6具533mm鱼雷发射管，采用水压式发射装置，发射深度范围与该级潜艇的下潜深度范围一致。既可采用液压方式发射，又可采用自航式发射。装载的鱼雷是德国研制的DM2A4重型鱼雷，该型鱼雷是由DM2A3型鱼雷改型后重新设计的，具有航速快、射程远、声学性能好等特点，还具有"智能化"自导处理能力，既能攻击水面目标，又能攻击潜艇。鱼雷的动力装置采用大功率电动推进系统，还装有新研制的智能化电子系统、改进的声学系统和引信系统。212A级潜艇上装备自动化鱼雷快速装填装置，加快了鱼雷装填速度。

此外，212A级潜艇能携带24枚水雷，这些水雷布置在两个特制的玻璃钢水雷输送装置内。输送装置位于非耐压壳体内两侧。布雷是通过水雷投掷器进行的，在艇内操纵，可在浅海区有效执行布雷任务。该级潜艇装有MSI-90U型火控系统，该系统可实现对多批目标运动要素解算和两批目标的攻击，并具有模拟训练功能，还能对武器系统实行集中控制和管理。

S 181

▲ U–31潜艇鱼雷舱

（四）技术改进

尽管已经服役的第一批212A级潜艇可以完成许多新的作战任务，可是随着作战环境的不断变化，对潜艇的要求越来越高，未来212A级潜艇需要具备在世界上任何地方都可以参与到网络中心战中，与其他作战部队实现信息共享，可以秘密地完成远程水下目标探测和识别、监视和保护撤退行动的能力。此外，212A级潜艇未来另外一个非常重要的任务是完成特种部队的布放和回收。因此，德国对第二批212A级潜艇进行了技术改进，潜艇的通信、指挥和武器控制、探测系统、推进和特种作战能力等方面得到了提高，使潜艇有更多空间和储备浮力来携带新的有效负载，提高了潜艇的综合作战能力，特别是增强了潜艇在网络中心战中的作用，使其能够适应未来海上联合作战的需求。

随着新技术和设备的不断植入，第二批212A级潜艇的总体设计和布置也都有所变化。

（1）作战区域。

在考虑潜艇上所有系统的初始性能参数的情况下，德国对潜艇系统进行了改进，使其能够在世界上任何海域内开展行动，其中包括热带海域。

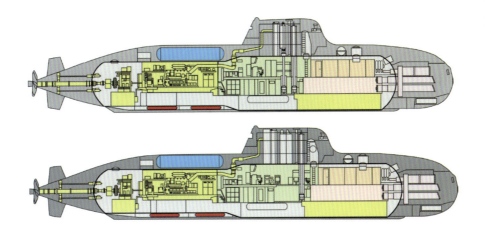

▲ 第一批212A级潜艇的布置（上）和第二批212A级潜艇的布置（下）

此外，德国还对潜艇的消磁系统进行了改进，使之可以适用于不同的海域环境。

（2）推进系统。

第二批212A级潜艇的推进系统没有进行非常大的改进，但是为了适应在世界范围内开展行动，对推进系统的连接器进行了加固，使其能够适应高温海水环境。第二批212A级潜艇增加了燃油储备，提高了潜艇的自持力。此外，德国还对潜艇的指挥台围壳舵和"X"舵进行了优化设计，使其具有最佳的水动力性能，不仅提高了潜艇推进系统的推进效率，而且提高了潜艇在近海区域的水下操纵性。

（3）通信系统。

为了改善212A级潜艇的通信能力，着重提高潜艇在深潜状态下的通信能力，德国计划在第二批212A级潜艇上装备一套战术数据链接系统，改进潜艇通信和指挥设备的性能，并在潜艇上安装"木卫四"（CALLISTO）通信系统。"木卫四"系统可使用最新的天线装置，收发超高频信号，使潜艇在水下机动的同时，能够与司令部之间实现近乎实时的双向通信，提高潜艇在网络中心战中的作用。

S 181

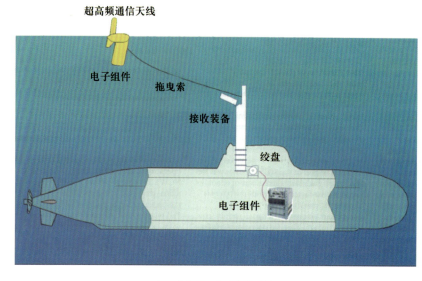

超高频通信天线

电子组件

拖曳索

接收装备

绞盘

电子组件

▲ "木卫四" 通信系统

▲ 德国蔡司公司SERO400潜望镜
（左）和OMS100光电桅杆（右）

（4）升降桅杆。

德国在第二批212A级潜艇上取消了原先的两个潜望镜，通过一个现代潜望镜和一个用于光电观测的光电桅杆来完成对空中和海上目标的快速监视，这样能够实现"快速环顾"，同时，还改善了潜艇作战情报中心（CIC）内部的布置情况。

（5）武器系统。

现役的212A级潜艇装备有6具533mm鱼雷发射管，可以携带12枚鱼雷。为了进一步增强潜艇的自卫能力，以及在近海地区的作战能力，德国计划在第二批212A级潜艇上安装光纤制导防空导弹系统——潜艇防御和攻击交互系统（IDAS）。IDAS是基于德国新一代近程空空导弹IRIS-T研制的，在飞行过程中通过光纤控制，一个重

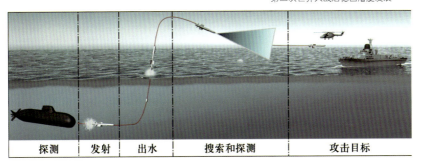

| 探测 | 发射 | 出水 | 搜索和探测 | 攻击目标 |

▲ IDAS作战概念图

型鱼雷发射管可存放多达4枚该型导弹。IDAS可以用来攻击直升机，为潜艇提供自卫能力。此外，IDAS还具备攻击水面目标和沿海陆地目标的能力。

第二批212A级潜艇上将会装备鱼雷对抗系统，用来防御来袭鱼雷，该系统采用成熟的目标模拟软件，采取干扰模式和诱骗模式来对抗智能型鱼雷：在干扰模式状态下，发射比潜艇的辐射信号强得多的声学信号以迷惑敌方鱼雷的声自导；在诱骗模式状态下，发射与潜艇的声纳回声相近的声学信号，达到诱骗敌方鱼雷的目的。

（6）武器控制和声纳系统。

在指挥和武器控制系统方面，第二批212A级潜艇将会装备一套完全

▼ 212A级潜艇综合声纳和武器控制系统

拖曳阵声纳（带绞盘）　圆柱监听声纳　圆柱换能器（主动声纳）　被动测距声纳　水雷避碰声纳　ISUS 90-40　舷侧声纳阵　圆柱艇首声纳阵

集成的ISUS-90声纳和武器控制系统，以及一套电子海图系统。除了装备拖曳阵声纳、圆柱艇首声纳阵和水雷避碰声纳之外，新的潜艇还会装备新的声纳系统，其中包括主动声纳系统。此外，通过装备舷侧声纳阵，增强了潜艇的定位/探测能力；选用先进测距声纳来代替被动测距声纳，改善了潜艇在关键地区的监视和侦察能力。

（7）特种部队部署。

德国现役的212A级潜艇通过鱼雷发射管完成特种部队的搭载/登陆，为了提高特种部队的部署效率，同时提高特种部队成员和潜艇的安全性，德国将在第二批212A级潜艇的指挥台围壳内安装一个气闸室，以供特种部队使用。此外，根据潜艇所执行的作战任务，可以在潜艇非耐压壳外部安装额外的可移动式物资储备舱。这样，可以为特种部队携带额外的装备，并在水下将这些装备从储备舱内进行释放，进一步提高潜艇的特种作战能力。

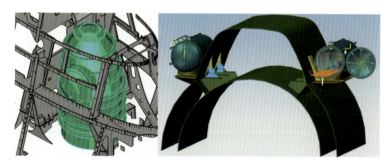

▲ 潜水密封舱舱口（左）和可移动式物资储备舱（右）

（五）综合评价

212A级潜艇是德国海军面向21世纪初的主要作战潜艇，是世界上第一级装备燃料电池AIP系统的常规潜艇。212A级潜艇既能攻击水面舰艇，又能进行反潜和攻势布雷，是一级设计新颖、性能优良、能较长时间在水下进行战斗活动的新型常规潜艇。

212A级潜艇反映了德国在潜艇动力系统、有效负载和电子系统等方面的技术发展水平，体现了德国潜艇设计的新思路，探索了后续潜艇的发展道路。

S 181

七、明日之星——214级AIP潜艇

（一）研制背景

由于本国潜艇需求数量较少，很容易饱和，考虑到未来潜艇发展的需要，德国需要维持一支潜艇设计、建造队伍，而出口是德国用来维持潜艇工业基础的一项重要措施。通过潜艇出口，可以为船厂和相关的科研机构带来研究项目，维持队伍的稳定。此外，随着潜艇新技术的不断发展，德国用于出口的209级潜艇已经不能满足国外潜艇市场的需求，需要性能更加出色的潜艇来代替209级潜艇，214级潜艇就是在这样的背景下诞生的。

（二）研制过程

1995年，在基尔举行的潜艇研讨会上，德国潜艇专家提出一些214级潜艇的设计思想。在那次研讨会上有20多个国家的潜艇专家在一起交换了他们的观点、经验和计划。在214级潜艇概念开发的初始阶段，根据这些看法作了一些补充修改，利用212A级和209级潜艇的成熟技术，采用模块化设计，因而具有更大的灵活性，便于新技术的植入。

214级潜艇主要是在212A级潜艇的基础上设计的，同时还吸取了多年来在建造209级潜艇过程中积累的经验和教训。

1997年1月，德国国防部正式将新一代潜艇命名为214级。214级潜艇是一型装有AIP动力装置、反潜能力较强的新型常规潜艇。该艇排水量较小，隐身性能优异，能装载较多的传感器和武器装备，可以满足现代海上局部战争的各种要求。

与212A级潜艇相比较，214级潜艇的续航力进一步加大，深海活动能力得到进一步加强。该艇采用全模块化设计，以满足不同国家海军提出的不同要求。

此外，214级潜艇还吸取了"海豚"级常规潜艇的某些优点。"海豚"级是德国为以色列建造的新型潜艇，采用了新的线型，因而具有非常优良的水动力特性，信号特征较小，另外还具有自动化程度较高、需要的艇员少、武器装载量大的特点。214级潜艇也吸取了209级成功的设计经

S 181

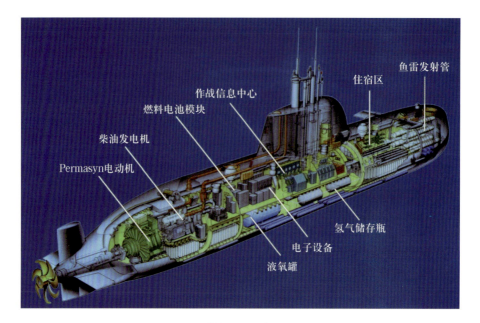

住宿区
鱼雷发射管
作战信息中心
燃料电池模块
柴油发电机
Permasyn电动机
氢气储存瓶
电子设备
液氧罐

▲ 214级潜艇外形及剖面示意图

验。但是，总体而言，214级潜艇的最显著特点还是来自212A级潜艇。

214级潜艇的研制经费主要来自德国海军，德国国防部、HDW船厂及一些分包商也分担了一些研制经费。德国将214级潜艇推出市场以后，受到了多个国家的关注，希腊、韩国、土耳其已经签署了采购协议，巴基斯坦、印度等国也都对该潜艇表示出了兴趣，有望签署采购协议。

希腊是首个采购214级潜艇的国家，1998年10月9日，希腊宣布采购3艘214级潜艇，并保留第四艘潜艇的采购权。2000年2月15日，希腊与德国签署前三艘的建造合同，并于2002年订购第四艘。希腊海军采购的首艇"帕帕尼科利斯"号已于2004年下水，并完成海试，但由于希腊海军对潜艇的性能以及潜艇在海试过程中出现的问题存在质疑，至今没有正式服役。此后，由于受到金融危机的影响，希腊面临巨大的债务危机，希腊海军无力继续执行该项采购计划。希腊在2010年3月13日与德国蒂森·克虏伯公司（TKMS）达成协议，将会接收"帕帕尼科利斯"号，随后将其出售给第三方，另外两艘潜艇的采购协议继续执行，由希腊造船厂继续建造。

▲ 希腊海军214级"帕帕尼科利斯"号潜艇

　　2000年11月，韩国签署了3艘214级潜艇的采购合同，目前这3艘潜艇已经全部服役。2009年1月，韩国又签署了第二批6艘潜艇的建造合同。根据双方协议，这6艘潜艇全部由HDW提供技术帮助，在韩国建造。在韩国建造的第一批潜艇在建造过程中出现了一些问题——噪声太大影响了潜艇的作战性能，后来没有后续报道，应该是通过双方的努力得到了解决。韩国214级潜艇基本性能参数见表12。

▼ 韩国第一艘214级常规潜艇下水仪式（从尾部看）

S 181

▲ 韩国第一艘214级常规潜艇下水仪式（从首部看）

表12　韩国214级潜艇基本性能参数

排水量（水上/水下）/t	1700/1860
总长/m	65
宽度/m	6.3
吃水/m	6
航速（水上/水下）/kn	12/20
储备浮力	大于10%
自持力/天	50
艇员/人	27（5名军官）
武器	8具533mm鱼雷发射管

德国潜艇百年
CENTURY GERMAN
SUBMARINE

▲ 214级潜艇

2008年7月22日,土耳其与德国HDW船厂签署合作协议,为土耳其建造6艘214级潜艇。第一艘潜艇计划于2014年服役。

2008年11月26日,巴基斯坦宣布购买德国3艘总价值为10亿美元的214级潜艇。但是,由于政治方面的问题,双方一直没有签署最终协议。

(三)性能特点

214级潜艇采用模块化设计,装备了燃料电池AIP动力装置,使水下续航力大大增加,减少了"暴露率",提高了潜艇隐身性能;可以装备先进的武器负载和传感器系统,扩大了潜艇的使用范围,使得该级潜艇既适用于近海浅水水域作战,还可用于远洋作战,可以完成反舰、反潜、监视/搜索/侦察、布放水雷和情报搜集等任务。

(1)采用多种信号管理措施,隐身性能优异。

214级潜艇采取了多种措施来提高潜艇的隐身能力,主要包括以下几点:

① 进一步优化了艇型,艇体表面极其光滑,尽量避免艇体开口,艇体外表面的开孔和突起部分在水下运动时都被封闭起来,大大降低了水动力噪声。

② 尽量降低机械和设备噪声,避免永磁电机低频时发生瞬变现象。

③ 主机舱的所有机械都弹性固定在一个平台上,该平台与主艇体结

构隔离，所有模块、管系和电缆都采用弹性安装。

④ 采用212A级上的低噪声大侧斜7叶螺旋桨，使潜艇的螺旋桨噪声大幅降低。

⑤ 214级也安装了燃料电池系统，该系统是212A级上采用的燃料电池系统的改进型。这种新型质子交换膜燃料电池装置，单体功率为120kW。

通过采取上述措施，有效地减少了潜艇的辐射噪声水平，降低了被探测的可能性，同时增大了214级潜艇自身声纳的探测距离。

（2）布置合理，下潜深度大。

214级潜艇依然采用多舱室的传统德国潜艇结构，并且在作战信息中心和生活区之间设有一个耐压隔壁。整个艇后半部分属于非生活区，主要布置与推进装置和操纵系统相关的系统和设备，采用无人控制。技术控制中心和作战信息中心都位于中部，包括声纳控制台、武器操纵界面和舰艇技术控制系统。潜艇的前半部分是按艇员要求配备的标准舱室和设施，每名艇员都有自己的铺位。在抗沉性方面，214级潜艇的每个舱室也都是按照保证不沉性标准设计的，在任意一舱进水时，214级潜艇仍可自行驶回基地，假如有两个舱室被击破进水，潜艇可以继续在海面上漂浮数小时，使艇员有逃生及等待救援的时间。

214级潜艇的艇体由HY-80和HY-100高强度钢材建造，这两种钢材具有强度高和弹性好等特点，不仅使潜艇下潜深度加大（最大下潜深度达400m），还可以保证潜艇在发生搁浅或碰撞等意外事故时具有相当大的安全性。

214级潜艇的耐压艇壳是根据德国海军舰船建造规范BV0111进行试验的，所有的管系系统根据德国国防材料标准VG95876进行试验。耐压艇壳及其安装过程中考虑了防撞击等因素，并根据德国海军舰船建造规范BV043的要求进行测试。该潜艇所具备的高安全性主要来自高强度的耐压艇体。另外，因该级潜艇主压载水舱采用了特殊的气体吹除装置，因而能提高潜艇上浮速度。

（3）动力与推进系统先进，潜航时间长。

214级潜艇的远距离续航力是通过一套混合推进系统来实现的，由燃料电池AIP系统及传统动力装置组成，其中传统动力装置又包括柴油发电机和高能铅酸电池。214级潜艇将复杂的综合推进装置与艇上电气系统、操纵系统和其他相关设施完全集成起来。

214级潜艇采用的新型质子交换膜燃料电池装置是由西门子公司开发的，单机功率为120kW，两套总功率为240kW，每千瓦的功率费用也比以前降低了。214级潜艇采用2台16V 396MTU型柴油机，功率为2000kW，同时采用西门子公司研制的新型低速永磁推进电机，该电机在满负荷或部分负荷工况下都能发挥最大效率，转速调整时不产生噪声。

214级潜艇在执行任务过程中，可以数次以16kn～20kn的航速航行几个小时，能够在作战过程中迅速赶赴或离开战场，完成任务后可以迅速恢复到安静潜航状态，整个过程不需浮出水面对电池进行再充电。不使用燃料电池时的水下续航力为420n mile/8kn，使用燃料电池后的水下续航力超过2000n mile，可连续潜航3个星期。

（4）武器装备种类多，武器控制系统先进。

214级潜艇首部装有8具533mm鱼雷发射管，可发射各种类型鱼雷，总共可以携带16枚重型鱼雷，必要时根据需要还可以换装水雷和导弹，

▼ 214级潜艇

鱼雷和导弹的类型根据各购买国的实际情况选择安装。例如：韩国购买的214级潜艇上的重型鱼雷为韩国自行研制的K–731"白鲨"鱼雷；反舰导弹为美制"鱼叉"和韩国自主研制的SSM–700K"海星"反舰导弹，这两种导弹的外形十分相似，前者最大射程为130km，后者最大射程150km；韩国还计划为其装备自行研制的射程达500km的"天龙"巡航导弹，并计划将"天龙"巡航导弹的射程提高到1000km，几乎可以打击朝鲜和日本境内的所有目标。

214级潜艇装备多种传感器和指控系统，可满足现代海上局部战争的各种作战要求。艇上装备由阿特拉斯电子公司研制的新型ISUS–90作战系统、I波段水面搜索雷达和艇首、艇侧和拖曳阵列声纳系统。

ISUS–90作战系统是214级潜艇的上的重要装备之一，主要用于管理水声、光电、电子战、雷达和导航传感器，并处理分析和显示来自传感器的数据，完成战术信号分析、分类、目标运动分析（TMA），并显示在战术态势显示器上。该系统能够完成武器控制功能和对鱼雷、水雷、导弹和假目标的状态显示，还可以完成威胁分析和评估。ISUS–90作战系统采用开放式体系结构，便于未来系统升级改装。

214级潜艇还采用了先进的分布式模块化综合作战管理系统，采用了

▼ 214级潜艇

双冗余以太网总线，将所有的声和非声测控输入到综合了指挥和武器控制功能的6个双屏多功能彩色控制台上。采用此系统使214级潜艇控制舱每次值班只需9人。

（四）综合评价

214级潜艇作为未来德国潜艇出口的主力，是在212A级潜艇的基础上，同时吸取了209级潜艇所积累的经验和教训，采用了德国最新的技术成果，具有较高的技术水平，在某种程度上代表了常规潜艇的世界先进水平。

虽然在希腊和韩国采购的214级潜艇中出现了一些问题，但是，基于德国在潜艇领域的丰富经验以及雄厚的技术实力，可以相信，随着214级潜艇设计的不断完善和更新，214级潜艇的性能将会更加稳定和提高，有望成为常规潜艇市场中的"明日之星"。

第四章
PART 4 德国潜艇未来发展

德国是世界上少数几个具备潜艇研制能力的国家。蒂森·克虏伯公司下属的HDW船厂通过并购瑞典的考库姆公司，已经成为世界上最大的常规潜艇生产商。目前，HDW船厂负责为德国和意大利海军研制212A级潜艇，以及用于出口的209级和214级潜艇；考库姆公司负责为瑞典海军研制下一代A26级常规潜艇。

HDW船厂和考库姆公司在常规潜艇领域都有出色的技术能力，特别在AIP领域，HDW船厂研制的燃料电池系统、考库姆公司研制的斯特林发动机都处于世界领先地位。

为了能够继续在常规潜艇领域占据技术优势，在常规潜艇出口市场获取主动，HDW船厂利用自身的技术资源，不断开展潜艇技术研究和探索，不仅提高了HDW船厂的常规潜艇技术水平，同时也极大地推动了世界潜艇技术的发展。

透过德国正在进行的研究与探索，可以管窥未来德国潜艇的发展。目前，德国潜艇技术未来发展主要集中在以下几个方面：

（1）降低潜艇声目标强度，提高潜艇声隐身能力。

降低信号特征一直以来都是潜艇技术发展的重点方向之一，各国都为此投入了巨大的财力，并取得了很好的效果。在反潜和传感器技术不断发展的情况下，潜艇的隐身性能同样取得了重大的进步，使得很难利用被动手段来发现潜艇。不过，出于反潜战的需要，即使可能暴露自己的位置，潜艇有时也需要利用主动探测手段来探测对方潜艇，主动探测手段的使用将会变得越来越普遍。

对潜艇而言，主动探测手段所带来的威胁主要来自两方面：一是潜望镜状态下的雷达，二是潜航状态下的主动声纳。与水面舰艇相比，潜艇长时间待在水下，雷达所带来的威胁要小得多。因此，主动声纳是未来潜艇需要重点考虑的威胁来源，声隐身仍是降低潜艇信号特征的重点研究方向。

在降低潜艇信号特征方面，德国目前集中开展两方面的研究工作：一是优化艇体外形设计，二是研制新型涂层。

S 181

① 优化艇体外形设计。

水滴线型出现以来，以其良好的水动力性能得到了认可，在潜艇上得到广泛应用。目前，不管是常规潜艇，还是核潜艇，绝大部分都采用水滴线型。不过，随着技术的不断发展，以及作战需求的不断提高，需要进一步降低潜艇的信号特征。因此，需要对潜艇外形设计进行进一步优化，以更好的适应作战需求。

对潜艇外形设计而言，首要目标是将其设计得越小越好，这样不仅可以提高潜艇的机动性，而且可以减少声纳的反射面，降低潜艇的声目标强度。然而，潜艇要完成作战任务，就需要携带一定数量的负载和人员，即潜艇的排水量不能太小，有时还需要通过增大潜艇的排水量，来增加负载携带量，使其更好的满足作战需求。因此，需要通过进一步的研究，确定如何才能更加有效地降低潜艇的声目标强度。

在研究潜艇声目标强度的过程中，需要考虑声纳信号与潜艇之间的角度，以及来自特定方向的声纳信号。当两艘潜艇之间的距离很远时，从几何角度而言，可以认为声纳信号与潜艇之间接近水平（0°）；在相对较短的距离内，例如两艘潜艇之间的距离是1000m，水深是100m，声纳信号与潜艇之间的倾斜角度仍然低于6°。因此，声纳入射信号的倾角一般保持在0°～6°。由于受海水和温差的影响，这个倾角范围可能有所变化，但变化不大。

▼ 德国潜艇优化外形设计构想

S 181

降低潜艇目标强度，很重要的一个方面是要避免声波垂直表面反射。德国认为在潜艇外形设计时，应该考虑艇体声波反射问题。由于耐压壳体需要在水下承受海水压力，因此，在设计时不可能偏离圆形横截面。出于潜艇声隐身的需要，指挥台围壳、上层建筑和龙骨的侧面应设计成倾斜状态。这些改变将会对潜艇的阻力、机动性、噪声水平产生影响，需要在对潜艇的不同要求之间达成平衡。

② 研制新型涂层。

降低潜艇声目标强度，提高潜艇的声隐身能力，除了改变艇体外形设计之外，另外一个有效手段是在潜艇表面敷设声涂层。

从原理上来讲，所有的声涂层都是可压缩材料。随着潜艇深度的增加，声涂层会发生一定的变化。因此，在进行潜艇设计过程中需要对其进行周密的考虑。

目前，蒂森·克虏伯公司已经研制出可以应用在艇首、艇尾和倾斜表面的一种涂层。这种材料使入射声波发生反射和散射，阻止声能量进入有效截面，降低声目标强度。蒂森·克虏伯公司正在对其进行进一步的深入研究。

（2）提高潜艇有效负载能力，扩展潜艇使用范围。

提高潜艇有效负载能力的关键在于两个方面：一是增加武器负载的种类和数量；二是增强发射装置的适应性和通用性。

① 增加武器负载的种类和数量。

对于一艘潜艇而言，除了装备鱼雷，还需要装备其他有效负载，增加武器负载的种类不仅可以使潜艇更好地自卫，而且可以扩大潜艇的作战用途，更好地完成作战任务。

随着模块化技术的不断发展和应用，使得潜艇可以根据不同的任务，选择装备不同的武器负载。随着无人技术的不断发展，无人系统的作用逐渐显现出来。通过装备无人系统，潜艇可以利用自身的隐蔽性，完成多种作战任务，以进一步适应海军作战需求。此外，随着各国对特种作战的重视，特种部队已经成为很多国家海军的重要组成部分，而潜艇是完成海上特种部队投送任务的理想平台。因此，未来潜艇可能配置以下武器负载：

S 181

鱼雷、反舰导弹、对陆攻击导弹、自卫诱饵和自卫武器、水雷、无人装备和特种部队投送系统等。

德国针对未来潜艇有效负载方面的研究主要集中在无人潜航器（UUV）和无人机（UAV）的搭载、布放与回收。

德国正在就潜艇使用无人潜航器的关键技术开展深入研究，并取得了重要成果。研究重点和方向主要是先进的、可重复使用的多功能无人潜航器，续航时间达到24h，并且可由潜艇布放和回收。目前，该项目已完成了潜艇周围近场水流的流体动力分析，目的是为无人潜航器寻找最佳的对接位置。此外，布放和回收模型已经完成仿真测试，并在德国海军测试中心进行了实际回收海试。德国正在开展的研究还包括无人潜航器的自动调整能力，以及与母艇的光纤通信技术和水声通信技术。

在无人机发展领域，德国的潜艇桅杆制造商Gabler公司和专门制造微型无人机的EMT Penzberg公司联合提出了VOLANS潜艇发射无人机概念，允许潜艇在潜望镜深度发射和操作无人机，一次最多可同时控制3架微型无人机。

在VOLANS概念中，将使用经过改装的"阿拉丁"手掷发射无人机，该无人机正被驻阿富汗的荷兰和德国维和部队使用。

▼ VOLANS潜艇桅杆发射无人机概念

根据VOLANS设计概念，在一根可升降潜艇桅杆的顶部安装一个耐压箱，能容纳一套可自动展开的无人机发射装置，以及多达3架的微型无人机。微型无人机发射深度根据潜艇类型的不同一般为潜望镜深度至水下25m，利用桅杆顶部伸出水面展开发射装置，将无人机弹射至空中。

潜艇通过安装在通信桅杆上的天线可以实时接收无人机传来的图像（在这种模式下，无人机须与潜艇保持30km以内的距离），或者在预定的时间无人机从目标区返回后传送数据给潜艇。

因为无法确保潜艇浮出水面后的安全，无人机一般不通过潜艇回收。因此，无人机要么自毁，要么由友邻部队回收。

到目前为止，两家公司已经在工厂里对耐压箱和无人机发射系统进行了试验，户外试验还包括从一个发射坡道上实际发射"阿拉丁"无人机。

② 增强发射装置的适应性和通用性。

随着武器负载种类的不断增加，潜艇的武器发射管和存储舱不仅要适合发射鱼雷和水雷，还要适合发射一定尺寸的导弹和UUV，以及特种部队的部署。

▼ 潜艇有效载荷舱

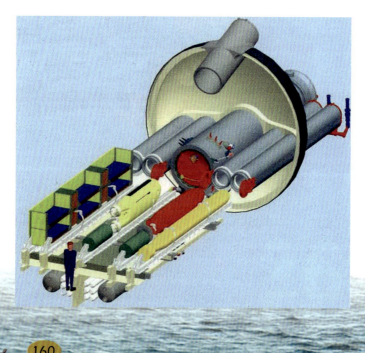

　　为了提高发射管的适应性和通用性，考库姆公司在下一代潜艇上采用了柔性有效载荷发射管（FPL）的设计概念。这种发射管是一种大型通用发射管，不仅可以发射鱼雷和水雷等常规武器，还可以使潜艇携带大型UUV，或者携带更多的特种部队。

　　除此之外，将传统的存储舱改装成一个适合一般武器发射管和柔性载荷发射管的柔性有效载荷舱，可以为不同类型的有效载荷提供存储和维护空间，例如：鱼雷、水雷、导弹以及非常规形状的UUV。同时，还可以作为特种部队或者其他人员的生活舱。

　　潜艇鱼雷发射管除了可以采取传统的水平设计之外，还可以采用垂直设计，使其可以适合不同类型的有效负载，例如巡航导弹和特种部队装备等。

▲ 垂直有效载荷管

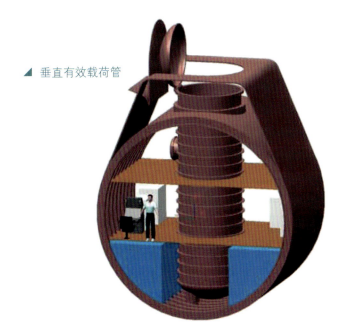

　　（3）改进提高AIP系统能力，提高潜艇水下续航力。

　　常规潜艇具有很好的机动性，非常适合在近海区域开展行动。对于装备AIP系统的现代常规潜艇而言，可以在军事行动期间，以潜航状态部署在作战区域之内而不被敌方发现，使潜艇以较低的风险完成情报、监视和侦察或者特种部队的部署等任务。

　　燃料电池AIP系统已经在德国212A级潜艇，以及用于出口的214级潜艇上得到了应用。对于AIP系统的未来发展而言，为了能够满足海军作战需求，需要在潜艇上存储更多的能量，使得潜艇的水下潜航时间更长、航速更快。目前潜艇装备的燃料电池在能量增加的同时，液态金属氢化物存储罐的重量和体积也会急剧增加。但受限于潜艇的体积和重量，无法大幅增加液态金属氢化物存储罐的重量，因此不能大幅增加氢气携带量，从而无法增加潜艇的潜航时间、提高潜艇的潜航速度。

　　为了克服燃料电池系统受到的限制，蒂森·克虏伯公司正在研究一种甲醇重整器。利用甲醇重整器产生潜艇燃料电池所需的氢气，用来替代目前使用的液态金属氢化物存储罐。在不增加潜艇尺寸的情况下，可增大潜艇上存储的总能量。

　　使用甲醇重整器还有另外一个优势，即可以简化反应物的后勤保障，因为甲醇可以很低的价格在世界各地采购。

▲ 两种氢气发生器的性能比较

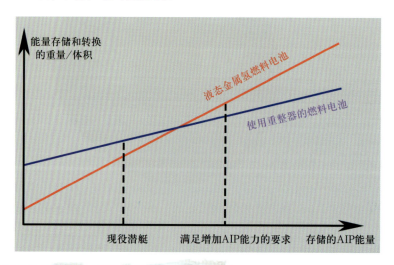

甲醇重整器的技术原理是：利用蒸汽重整甲醇，在重整器内产生一种富氢混合气体，然后使用一种隔膜净化装置将氢气从混合气体中分离出来。从隔膜净化装置中得到的气体仍然存在一些可燃气体，利用纯氧与其燃烧，反应所放出的热量供甲醇重整过程使用。整个过程是在高压环境下完成的，这样可以使潜艇在不需要额外的压缩设备就可使排气中的二氧化碳溶解到海水之中。通过甲醇重整得到的氢气纯度非常高，可以直接用在现有的燃料电池模块上。

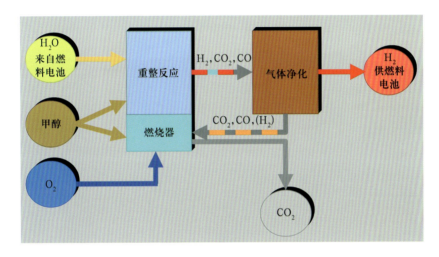

▲ 甲醇反应原理

HDW船厂在几年之前已经建立了一个甲醇重整器的试验验证模型，目前正在研制适合潜艇应用的甲醇重整器，其难点是要解决重整器集成到潜艇密闭的大气环境中的有关工程问题。

甲醇重整器本身将会在一个装备几套安全装置的密闭空间内运行，可以防止有毒气体和液体危害到艇员。随着甲醇重整器技术的不断成熟，以及结合了使用甲醇燃料的燃料电池AIP系统的优势，可以为未来潜艇AIP系统提供更有价值的选择。

潜艇设计上另外一个里程碑事件是装备高能量锂离子电池。通过装备高能量锂离子电池，未来潜艇不仅可以较低航速在水下长时间潜航，而且同样可以很高的航速完成航渡。

▲ 240kW甲醇重整器演示验证模型

▼ 甲醇重整器效率

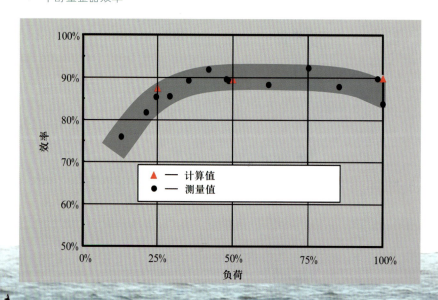

自从锂离子电池投入使用以来，安全性和能级一直是需要解决的问题。目前，锂离子电池的安全性已经通过利用现代的建造技术和电池管理系统得到解决。在电池的能级方面，蒂森·克虏伯公司通过与GAIA公司的合作，已将锂离子电池提高了1个~2个能级。对于相同体积的锂离子电池和铅酸电池，前者的放电时间是后者的2倍，最大放电速度是后者的4倍。

采用锂离子电池的新型电池模块不仅可以增加电池容量，而且与传统的铅酸电池相比，放电速度更快，重量更轻，非常适合与液态金属氢化物存储罐燃料电池一起使用，这样可以在不需要对潜艇设计做出很大改变的情况下来增加潜艇AIP系统的能量。

除了具有很高的电池容量之外，锂离子电池还具有很多的优势，主要包括以下几点：

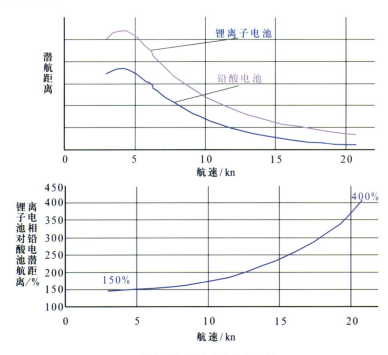

▲ 锂离子和铅酸电池性能比较

① 充电速度快；

② 单体电池容量可以100％使用，无记忆效应；

③ 不消耗蒸馏水；

④ 不释放气体；

⑤ 不需要冷却水；

⑥ 生命周期长；

⑦ 效率更高。

锂离子电池的缺点主要是内部电阻小易造成很高的短路电流，需要在潜艇设计时采取适当的处理方法。

目前，蒂森·克虏伯公司已经通过与GAIA公司的合作，完成了首个单体电池的试验，正在对首个全尺寸电池模块和部分电池进行测试，其中包括电池监控系统。

GAIA公司研制的单体电池额定电压为3.6V，容量为485A·h，重

▲ 新型锂离子电池模块

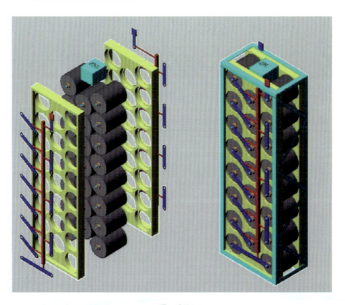

12kg，长280mm，直径为170mm。

首个电池模块由23个单体锂离子电池串联组成，还包括电池的钢质固定件、电池连接板、钢质框架和模块联结零件。整个电池模块重约450kg，容量485A·h，额定电压为83V，尺寸为1450mm×500mm×290mm。

（4）加强复合材料研究，扩大使用范围。

复合材料具有显著降低结构重量（降30%~70%）、有效避免腐蚀、实现完美的流线造型（导流罩）、可根据功能需要量身打造等多项优点，已经在潜艇上得到了应用，并体现出巨大的优势。德国在复合材料的研究和应用方面处于世界的前列，目前的研究重点是复合材料螺旋桨。

潜艇螺旋桨一般选用青铜等传统材料制造，这种材料具有较低的阻尼，可以降低螺旋桨噪声。但是随着探测技术的不断发展，特别是针对低频噪声的传感器技术越来越成熟，需要研究新型材料来制造潜艇螺旋桨。

德国已经在复合材料螺旋桨方面进行了多年的研究工作。为了能够开发出合适的复合材料螺旋桨，德国已经制造出了一个与206A级潜艇螺旋桨相同形状的复合材料螺旋桨，并进行了长期的测试，对其进行技术演示验证，尤其是测试复合材料螺旋桨的桨叶。为了能够实现复合材料螺旋桨的实艇应用，德国正在212A级潜艇上对一种高阻尼材料的新型螺旋桨进行测试。目前，关于潜艇桨叶的评估工作正在进行，德国蒂森·克虏伯公司已经计划将复合材料螺旋桨作为一个标准件应用在未来潜艇上。

德国研制的复合材料螺旋桨主要具有以下优点：

① 减轻重量；
② 降低建造成本；
③ 降低噪声；
④ 抗疲劳性能较好；
⑤ 推进效率可以提高5%；
⑥ 更换单个桨叶不需要进坞；
⑦ 可以通过选择材料来改变阻尼因数；

▲ 212A级潜艇装备的新型复合材料螺旋桨

▼ FiberSIM软件界面

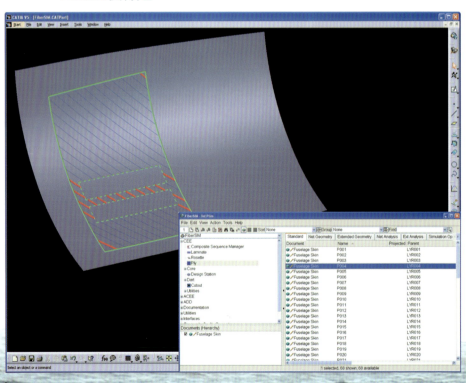

⑧ 执行任务期间可以通过艇上携带的设备对其进行维修；

⑨ 易于在现役潜艇上进行改装。

此外，为了进一步加快复合材料的应用研究，德国HDW船厂向美国Vistagy公司购买了专门用于潜艇复合材料部件设计和制造的FiberSIM软件。FiberSIM是针对复合材料工程完整流程的综合性软件，包括从概念设计、材料定义、层创建到模拟、提供文件和制造工艺选择。它可以集成到CAD系统中，有助于在设计时获取完整的数字化产品定义。该软件的应用，可以更快地进行潜艇复合材料应用的初始设计，并能在设计初期更早地研究设计变更所带来的影响。

第五章
PART5 启示录

从德国潜艇发展的历史可以看出，德国潜艇的发展为世界潜艇的发展做出了巨大的贡献，其发展的背后留给我们一些有益的启示。

（一）认识决定方向，方向育定路线

19世纪中期，正当世界上许多国家大力发展潜艇之际，德国海军却认为潜艇只是一种辅助性的防御武器装备，加之当时的潜艇动力装置是汽油发动机，经常发生爆炸事故，对潜艇的发展抱着一种消极观望的态度，导致德国潜艇发展迟缓。德国皇帝威廉二世登基后，敏锐地意识到潜艇在未来的战争中会发挥重大的作用，是一种为其争夺世界霸权服务的强有力手段，促使德国海军改变了对潜艇的消极看法，很快步上正确而持续发展的道路。由此，第一次世界大战爆发时，德军已拥有潜艇28艘，战争期间又批量建造372艘，投入战争后取得显赫战果，使德国对潜艇在战争中的重大作用有了更深刻的认识。作为第一次世界大战战败国，德国从1933年起突破"凡尔赛条约"的限制，由秘密建造到公开研制，至第二次世界大战爆发时，德军又建成潜艇57艘，第二次世界

▼ 212A级潜艇

大战期间先后建成1131艘，并以单艇、双艇或"狼群"战术投入作战，取得比第一次世界大战更加辉煌的战绩，使之更加深刻地认识到潜艇的重大作用。第二次世界大战虽再败，但德国对潜艇情有独钟，视机发展。1955年，联邦德国在加入北约后，又开始了潜艇的研制，并不断突破吨位限制，按照"自主发展、独具特色"的路线，先后从201级到206级、209级再到212A级、214级研发了近20个级别（型号）的常规潜艇，且潜艇的技术水平得以持续不断地提升，成为国际常规潜艇的引领者，对现代潜艇的发展产生了重大的影响。

▲ 212A级潜艇围壳顶部

另外，德国为突破"吨位限制"和持续发展潜艇技术，采取"迂回战术"，设计研发了专为出口的209级常规潜艇。事实表明，209级潜艇研发成功，不仅满足了出口需求，积累了资金，而且为德国潜艇技术和装备持续发展提供了经验和技术支持。

德国潜艇发展的实践证明：认识决定方向，方向育定路线，路线酝出策略。只有深刻认识到潜艇的重要性和特征，才会依据国情、战略战术需求等因素制定出具有本国特色的正确发展路线，也才能更新观念，谋划有效的策略，路线和策略一旦认定就坚定不移地走下去，坚持不懈地抓研发，促进潜艇持续发展。这对我国根据本国的海洋地缘环境、战略战术需求、国情等制定正确的潜艇发展路线，持续发展潜艇，是具有深远的借鉴意义的。

▲ 212A级潜艇

（二）需求牵引与技术推动相结合，助推潜艇持续发展

德国认识到潜艇的重要性，将潜艇列为为其争夺世界霸权的国家战略服务的主战武器装备。这种需求牵引着德国潜艇不断发展，而两次世界大战的作战需求，更使其潜艇快速发展。同时，科技的发展又推动或引领着潜艇装备发展，甚至促使潜艇在某些方面呈现出一种周而复始式的发展，如在潜艇的总体设计观念上，早期的德国潜艇，以U-1和U-3艇为代表，沿袭当时国际上以"霍兰"号为代表的设计思想，注重水下性能；到第一次世界大战之后，德国潜艇以U-35级为代表，受水下能源限制且反潜威胁不突出，总体设计的重点转而追求以水面性能为主；至第二次世界大战后期，反潜新技术的出现导致反潜威胁剧增，以U-XXI级潜艇为代表的设计思想又追求以水下性能为主，通气管装置成功研制及其技术的发展，不仅使以水下航态为主的高性能潜艇得以面世，而且使这种设计理念一直沿用至今日。

第二次世界大战之后，现代反潜技术的迅速发展促使各国海军对潜艇的隐蔽性提出更高的需求，不仅急需降低通气管航态的暴露率，而且迫

▲ 212A级潜艇

切需要提高声隐身和非声隐身的性能。由此，德国在第二次世界大战后期研发"沃尔特"汽轮机的基础上，开展了燃料电池和闭式循环柴油机的研发，并经充分论证、研究、试验，选定燃料电池作为德国潜艇的AIP动力装置。燃料电池的研发成功，推动了，或者说是牵引出德国AIP潜艇（212A级、214级）的出现。而低噪声的机电设备、大侧斜低噪声螺旋桨、高性能隔振元器件、阻尼材料、消声覆盖层、低磁性钢等技术的研发和应用，又为德国研发综合隐身性能大幅提高的安静型潜艇夯实了基础。

德国潜艇发展的实践为我们提供了又一启示：需求是潜艇技术和装备发展的原动力，而技术是推动或引领需求和满足需求的促动力。德国在潜艇发展过程中，实施需求牵引和技术推动相结合的方针，注重技术发展对需求牵引的促推作用，是一条正确而有效的途径。这对我们改变以往潜艇发展中过分强调需求牵引带动技术发展的思路，转为以需求牵引和技术推动相辅相成，促进我国潜艇又好又持续发展，是很有借鉴价值的。

（三）不断自主创新，支撑潜艇跨越发展

纵观德国潜艇的发展历程，特别是第二次世界大战结束至今德国研发

S 181

近20个级别（型号）潜艇的发展历程，可以清晰地看出，德国一直坚持"以我为主、开拓创新，吸收借鉴、再创新为我所用"的潜艇技术发展道路，从而推动着潜艇装备一步一个台阶式地持续发展。例如，为增大潜深、不断提高隐身性、增强综合作战能力，满足不同时期的作战需求，不断开拓创新，支撑了相应型号的发展。

在潜艇用材料方面，德国潜艇耐压壳体材料从第二次世界大战时期用的52号钢，过渡到AM10钢（以201级为代表）、PN 18S2钢（以206级为代表）、HY80钢（以209级为代表），到采用低磁性钢（以212A级为代表）。德国是首先将复合材料应用于潜艇指挥台围壳、导流罩、舵等部件的国家，目前仍在开展扩大复合材料应用范围和将复合材料用于耐压壳体的可能性研究。

在潜艇结构形式上，德国潜艇从采用双壳体结构（以U–XXI级为代表），到采用单壳体结构（以209级为代表），再到目前的单双混合壳体结构（以212A级为代表），至今还在分析各种结构形式的优缺点，继续针对不同潜艇的特点，探索更合适的壳体结构形式。

在推进器方面，由第二次世界大战时期潜艇普遍采用的3叶～4叶螺旋桨（如U–XXI级采用双导管3叶桨），到第二次世界大战后的单5叶桨201级至206级、209级，再到单7叶大侧斜桨206A级至214级，并开始探索9叶桨和泵喷推进器在常规潜艇上应用的可行性，提出了明确的结论意见；同时，对业已采用的5叶或7叶桨也根据技术进步，以及潜艇的不同型号，不断从侧斜度、桨叶几何形状、直径、艇体—桨匹配等方面进行改进，特别是对7叶桨从降低噪声、提高效率、减轻重量等方面进行有创意的提高。

在动力方面，德国除在潜艇用柴电动力装置方面随着潜艇发展需求，不断创新，形成享誉国际的专利产品外，德国在20世纪30年代就研发了"沃尔特"汽轮机，成为最早探索AIP系统的国家；第二次世界大战后，德国集中研发闭循环柴油机、燃料电池，并经充分论证选定燃料电池作为德国潜艇的AIP系统，成为第一个将燃料电池成功应用于潜艇的国家，支撑了212A级、214级潜艇的发展。

S 181

在武备、电子、减振降噪、适居性、蓄电池、通气管装置、"总段"建造模式（工艺革新）、作战使用理论等方面，德国也有众多自主创新的观念和成果、专利，支撑着所研制的先进潜艇的综合战术技术性能一型比一型提高。

德国拟定、坚持的潜艇发展路线和方针，也很好地体现出德国潜艇装备技术自主创新的发展思路和实践。德国潜艇的发展史从某种意义上来说是一部创新史。德国潜艇的发展表明，创新是潜艇装备和技术发展的不竭动力，唯有创新才有发展。更新观念，敢为人先，推陈出新，开拓创新，是21世纪中国潜艇发展的必由之路。但是，创新一定要以我为主，切忌盲目跟风，对国外的一些新概念、新提法，要有选择地合理借鉴、再创新，而不能邯郸学步，东施效颦。

（四）极其重视研究实验，充分消除研制风险

剖析德国潜艇持续跨越发展的原因，除了德国自己认识到潜艇的重要作用，一直重视并从政策、经费、条件保障等方面支持、激励对潜艇关键技术的自主创新、探索、研发之外，另一个重要原因是德国极其重视潜艇技术的试验研究，尤其是对重大关键技术研究成果的演示验证和实艇试验，由此充分释放技术风险，达到消除潜艇研制风险的目的。

例如，第二次世界大战后，德国建造的第一艘潜艇即是试验型潜艇，该艇以U—XXI级艇为母型进行研制，目的是对潜艇的武备、电子设备及动力装置进行综合性试验，有鉴于此，该艇只装备了2具鱼雷发射管，试验艇建成并经试验、使用之后，才决定研发201级和202级潜艇。

为决定201级潜艇是否选用AM10钢，专门建造了试验舱段，并进行了充分的耐压试验和水下爆炸冲击试验。为解决AM10钢产生的腐蚀问题，进行了将煮过的海水作为电解质环境的1000h拉伸试验。在201级潜艇耐压体合拢后对其进行了强度测试，测试发现潜艇的实际强度比理论计算的约小12%，由此，将201级潜艇的极限下潜深度由原来的100m降为80m。

为给205级之后的潜艇选定耐压壳体用钢，曾分别用AM53（U—9、U—1艇）、PN 18S2（U—11艇）、Amanox182M9钢（U—12艇）进行对

比试验，并同时将上述3种低磁性钢板用于U-12艇的浮力舱壳板作对比试验。通过实艇对比试验和理论论证，206级潜艇最后选定PN 18S2号钢作为耐压艇体用钢。

用退役潜艇的耐压艇体，在压力测船坞中进行水压测试，直至报废，验证理论计算结果和可靠性。

为了验证排水量为395t的201级潜艇能否布置、装配8具鱼雷发射管，特建造了1∶1的发射管布置模型，并对其中一管进行了多种型号鱼雷的发射试验。

为了优化和验证206A级潜艇的指挥舱布置，吕贝克设计研究所专门建造了1∶1的改装后指挥舱模型，进行优化布置。

在燃料电池AIP系统研发成功，并充分进行陆上试验之后，又将这种AIP系统加装到205级的U-1艇上，在海上进行了6个月的试验，试验成功后，该系统才被应用于212A级潜艇。

德国为在战后跨越提升潜艇的技术水平和顺利进行潜艇研制，还专门建造了2艘202级潜艇作为试验艇，以演示验证潜艇技术研发中取得的重大成果，从而释放潜艇研制的技术风险，进而消除研制风险，等等。

德国在潜艇装备建设中，这种重视潜艇关键技术研发，尤其注重科研试验、演示验证的技术策略，是非常值得我国在潜艇建设中借鉴和吸纳的。

（五）采取多种措施提高研制质量，正确对待技术问题

德国在潜艇研制过程中，极其注重研制质量的保证和提高，把质量视作潜艇成功研制的关键，对每型（级）潜艇均针对其特点，采取多种措施保证、提高研制的质量：潜艇总体方案经科学、严谨的多方案研究、论证，进行优选（如201级是从众多方案中选定排水量为395t、8具鱼雷发射管方案）；跟踪技术发展，采用自主创新且经验证而成功的新技术（如低磁性钢、5叶和7叶螺旋桨、可由鱼雷发射管发射的IDAS防空导弹等）；配套材料和设备均通过深入研究、大量试验、系统论证后选定（如212A级选定燃料电池作为AIP系统、201级选定带有小圆管齿槽的蓄电池等）；尊重专家意见，实施有效的审查制度（如为"猎人潜艇"选定工程方案，在1957年上半年就3次召开方案评审会、研讨会，205级潜艇的超重问题是方案设计评审中发现的，查明原因后，排水量由419t调整为450t）；项目研究、设计、建造单位的确定，引入竞争机制，选优淘劣（如206级耐压壳体用钢由舒勒—布莱克曼、蒂森、南威斯特法伦公司竞争选定PN18S2钢，燃料电池由西门子、霍瓦兹等公司竞争等）；注重建造模式和建造工艺的革新（如206级建造由蒂森北海造船厂首次引入"总段模块化"建造模式等）；正确对待、妥善处理在设计、建造、试验和使用中出现（或发现）的技术问题等等。

德国潜艇发展的历程再次表明，一型新的潜艇与一切新事物一样，在

▲ 212A级潜艇

其设计、建造、试验、使用中可能会因认识不到位等原因出现一些技术问题，尤其是应用新技术时出现的问题，要正确对待、妥善处理，从而解决问题，而不是"一出问题就一棍子打死"，才能使新研潜艇质量更好，技术水平更高。德国军方和潜艇承制方对潜艇研制、使用中出现的技术问题，采取"四不政策"，即对发现的问题不隐瞒虚报、产生原因不清不放过、解决措施不经验证有效不采纳、问题不完全消除不续建和不使用，并千方百计采取措施消除技术问题，确保研制质量。例如：

201级潜艇耐压壳体的理论计算的强度值比强度试验值高约12%，究其原因是理论计算时用错耐压壳体钢的弹性模量所致，由此该级潜艇的极限下潜深度由100m降至80m；205级潜艇在方案设计审查中发现超重问题，经查是理解"标准排水量"概念有误导致，后将其排水量调高大约30t；HDW船厂承建的206级潜艇因推迟交艇受到合同罚款，其主要原因之一是联邦国防技术及采办局没有充分认识到改善螺旋桨噪声及艇的辐射噪声的难度，后经HDW船厂不断申辩并尽力采取措施改进，使联邦国防技术及采办局后来取消了处罚；U-2～U-4艇艇体有的部位出现小裂缝，经深入研究排除了裂缝是焊接引起的结论，裂缝的真正原因是艇体用

▲ 212A级潜艇

AM10钢易产生腐蚀，由此，联邦国防技术及采办局决定将U-1、U-2艇最大潜深降至45m，并令两艇提前退役，同时开始研制潜艇耐压壳体用新型钢材，等等。

由于高度重视潜艇研制质量，及时、妥善处理研制、使用中出现的技术问题，保证了德国潜艇的战斗力，使其出口的209级潜艇享誉全球。德国注重潜艇研制质量，正确对待、妥善处理研制、使用中出现的技术问题及提供良好的售后服务的做法，值得我们很好地借鉴。

（六）注重研发隐身技术，不断提升隐身性能

德国自发展潜艇以来，一直重视潜艇的隐身性能，特别是第二次世界大战后，将隐身性列为潜艇重点控制的性能指标，把潜艇隐身技术的研发和应用作为潜艇技术发展的重中之重予以扶持。在第二次世界大战中，以U-XXI级潜艇为代表，针对反潜技术的发展，研发、装备了新型通气管装置，降低了暴露率；艇体和指挥台围壳采用流线型，大量减少艇体表面附体和流水孔，取消锚装置等，既减少了阻力，又降低了流体噪声；采用低转速推进电机，等等。该级艇的总体减振降噪设计思想，为战后潜艇设计产生了深远影响。

从第二次世界大战后研制的第一级潜艇201级起，就通过研发、使用行之有效的减振降噪新技术，使潜艇的隐身性能得到明显提升：

201级潜艇不仅采用5叶螺旋桨、低噪声泵、优化线型等措施降低噪声，而且采用低磁性钢制造，使其磁隐身性明显提升。206级潜艇除继续使用低磁性合金钢提高磁隐身性外，还采用了5叶宽叶片螺旋桨，进一步优化线型，采用新型减振元器件，升降装置敷设防护层等，使其隐身性进一步提高。

209级潜艇在减振降噪方面下了更大的功夫：采用最大转速为200r/min的推进电机；选用改进的5叶低噪声螺旋桨，单轴推进；柴油发电机组采用双层减振基座；机舱全封闭，等等。降噪效果明显，使209级艇步入"低噪声潜艇"的行列，且为各国海军潜艇所普遍借鉴。

212A级潜艇的隐身设计更是卓有成效：从闭式循环柴油机和燃料电池中选定噪声低的燃料电池AIP系统；采用流体噪声很小的最优流体线型、艇体外几乎无突出附件，减少流水孔，凡较大开孔均装活动盖板；装备7叶大侧斜低噪声螺旋桨；所有机械设备都经严格的降噪设计，并均安装在高效能的弹性减振基座上；对动力系统噪声源作重点降噪设计，将主、辅机集中布置在专用动力室内，并采用整体"浮筏"技术减振降噪；在艇体和升降装置表面涂敷了新型的吸收声波和雷达波的特种涂料；艇体

▼ 214级潜艇

除采用低磁钢外，还安装了高性能的消磁系统，等等。卓有成效的隐身措施，跨越提升了该级潜艇的声隐身性和雷达、磁隐身性等非声隐身性，使212A级潜艇迈入"安静型潜艇"的行列，成为低噪声的"标杆式"潜艇之一。

214级潜艇在212A级潜艇的基础上，进一步采取隐身措施，使其水下辐射噪声比212A级潜艇进一步降低。

德国一贯注重潜艇隐身技术的研发和应用，不断提升潜艇隐身性能的做法和经验，是值得我们深入学习、借鉴的。

（七）实施总体优化设计，控制吨位招多高效

德国的潜艇排水量控制技术招多高效是其第二次世界大战后潜艇发展篇章中的重大亮点之一。从下述三级潜艇可见德国控制潜艇排水量的功底之深：201级艇排水量为395t，却装备有8具鱼雷发射管；209级艇共5种型号，排水量为1210t～1850t，也装备8具鱼雷发射管，既可布射鱼、水雷，又可发射"鱼叉"反舰导弹，且深入进行了低噪声设计；212A级艇装备了燃料电池AIP系统，6具雷弹发射装置，电子设备先进，信息化程度高，进行了安静性设计，而排水量仅为1450t。全面分析第二次世界大战后德国潜艇的发展，德国之所以能在严控潜艇排水量方面卓有成效，既有

客观原因，更有赖于德国采取了科学的"减肥瘦身"策略和措施，也可以说德国控制潜艇排水量的招多高效，主要有以下措施：

第一，在客观上，德国潜艇受第二次世界大战战败的制约，潜艇的排水量受到限制，迫使其不得不采取各种"瘦身高招"，严控艇的吨位，体现出德国潜艇技术自主创新发展结出的鲜亮硕果。

第二，注重潜艇顶层设计和总体优化设计理论与方法的研究、应用。由1992年F.Abel、Dr-Ing等在《SNAME/ASENSDS》上发表的"德国潜艇研究和设计"论文可知，德国在潜艇顶层设计和总体优化设计的理论与方法方面，已形成了较完整的体系，并用其指导潜艇的设计和研制。由此，从潜艇研制的"顶层"，进行潜艇作战需求和使命任务研究，针对不同的使命任务和作战海域的地理环境、海区深度等，编制相应的"顶层需求任务书"，确定潜艇的设计原则，开展多方案论证、设计，通过潜艇总体优化设计方法，量化优选出设计方案（如"猎人"潜艇从4个方案中优选出A3方案），并辅之1：1布置模型和模型试验等措施，取得了"吨位小、性能优"的显著成效。

第三，根据不同潜艇的使命任务，综合采取排水量控制措施。诸如：根据基本功能需求，优化系统配置；选定合适的艇体结构（含单壳体、双壳体或单双混合壳体），对艇体结构进行优化设计，采用高强度钢、复合材料；提高推进电机、柴电机组比功率，使动力设备在预定功率下减轻重量或减少机数（如212A级潜艇的柴油机功率为3120kW，仅装备1台）；辅机设备小型化、功率大、效率高、噪声低，等等。

第四，注重提高设备、系统的可靠性，减少或取消相应的备用设备。

第五，跟踪科技进步，充分应用由自主创新研发并经验证成功的科研成果和新技术，特别注重采用自动化和信息化技术，合理整合潜艇上的有关系统，减少了艇员编制（如209级艇员编制为31人~40人，而212A级仅为27人），从而减少了相关信息处理机柜、控制台、床位、淡水、食品，等等。

第六，根据不同的作战需求、使命任务和作战海区，合理地选定自持力（如209级自持力为50天，212级为49天）、续航力（如209级水

S 181

184

上续航力为8000n mile/8kn、水下连续潜航续航力约为400n mile/4kn，212A级水下连续潜航续航力约为1640n mile/8kn）、下潜深度（209级工作深度为200m，201级工作深度为80m（实为45m，212A级工作深度为200m）。这为潜艇携带合适的燃油、液氧、制氢物，合理配置舱室空气监控系统等，进而减少排水量提供了又一条件。

德国在潜艇设计、研制过程中，注重顶层设计，实施总体优化设计，想方设法严控排水量的设计观念和做法，是值得我们学习、借鉴的。

（八）既注重提升综合作战能力，又注重人性化和安全性设计

德国在潜艇研制过程中，一直将提升潜艇的综合作战能力作为总体设计的主线和追求的主要目标。为此，从雷弹发射装置配置和布置、使用武备种类和携带量、水声对抗系统、潜艇电子系统（包括由雷达、光电、声纳等组成的探测分系统以及通信、指控、导航等分系统）及网络、信息等技术领域，持续不断地自主研发，并将研发的成果适时应用于相应的型号（级），使德国潜艇的综合作战能力一级比一级提升，其研制成功的212A级、214级潜艇已成为当今国际常规潜艇中综合作战能力强、信息化程度高的"标杆潜艇"。

与此同时，德国还在不断提高潜艇的自动化程度；实施人性化设计，不断提高生活保障设施水平，改善潜艇的适居性；注重安全性设计，在不断提高潜艇的可靠性和安全性等方面，也做出了令人瞩目的成就。德国潜艇除在选定性能先进的耐压结构用钢，加强艇体结构优化设计，强化通海系统的安全等方面作了坚持不懈而卓有成效的努力之外，在其他方面如不论是采用单壳体结构（如209级），还是单双混合壳体结构（如212A级），均以大分舱、小储备浮力的观念设计，以有利于艇内布置，实施人性化设计，改善适居性，但同时又极其注重援潜救生系统的设计和装备，编制严谨的艇员脱险规程（手册），如209级艇内装有包括联氨气体发生器的应急吹除系统，其1500型艇还装备了耐压救生球，该救生球可使40名艇员一次性脱险。由于注重安全性和可靠性设计，德国成为第二次世界大战后国际上主要潜艇生产国中发生潜艇重大航海事故（包括火灾爆炸）和沉艇事故最少的国家。

S 181

　　德国在潜艇研制过程中，既注重提升综合作战能力，又注重加强人性化设计和安全性设计的设计观念和做法，是奉献给潜艇研究设计者们的又一宝贵经验。

S 181

附 录
APPENDIX 大事记

1838年

10月　　　Johann Schweffei和Ferdinand Howaldt于8月在基尔福德东面的罗斯梅多（Rosenwiese）创建了铸造厂，后来成为霍瓦兹造船厂，现已合并，新厂名为HDW造船厂，成为世界领先的常规潜艇建造厂。

1850年

12月18日　德国第一艘潜艇"威廉·鲍尔"号在铸造厂用明轮蒸汽机拖拽下水。

1903年

9月23日　　"鳟鱼"号潜艇下水，由基尔Germaniawerft造船厂建造，后来卖给沙皇俄国。这是德国第一艘安装发动机的潜艇。

1904年

4月30日　　克里斯蒂安·侯斯美尔（Christian Hulsmeyer）申请了可接收反射无线电信号装置（雷达）的专利，若干年后，这项专利的工作原理才被人重新加以利用。

1906年

8月4日　　 U–1潜艇在基尔Germaniawerft造船厂下水。
12月14日　U–1潜艇服役。

1908年

7月18日　　U–2潜艇服役。

1909年

U型潜艇验收委员会成立。

1911年

1月17日　　U-3潜艇由于机械故障沉没，这是第一艘沉没的U型潜艇。

1914年

3月　　　　U型潜艇检验组在基尔成立。

8月6日—11日 第一支潜艇舰队组成，执行向北至北海、远至舍得兰群岛的巡逻任务。U-15艇被英国"伯明翰"号巡洋舰击沉，U-13艇也突然沉没。

8月11日　　4艘潜艇向西英吉利海峡方向挺进。

8月15日—21日 U-23潜艇离开亨伯河开展作战行动。

9月5日　　U-21潜艇击沉英国"导航者"号巡洋舰，这是德国潜艇的第一次成功袭击。

9月22日　　U-9潜艇击沉三艘英国巡洋舰，分别为"阿布基尔"号、"霍格"号和"克雷西"号。

9月28日　　U-18潜艇成为第一艘通过英吉利海峡的潜艇。

10月11日　U-26潜艇在波罗的海击沉沙皇俄国"巴拉德"号巡洋舰。

10月15日　U-9潜艇击沉英国"老鹰"号巡洋舰。

10月18日　U-27潜艇成为第一艘被潜艇击沉的潜艇，U-3潜艇遭到鱼雷攻击。

10月20日　英国"格利塔"号蒸汽船成为第一艘被击沉的商船。

10月　　　U-20潜艇和U-29潜艇闯过英吉利海峡，绕爱尔兰西部和苏格兰北部返回。这是U型潜艇第一次绕英伦三岛航行。

10月31日　U-27潜艇击沉英国"赫密士"号巡洋舰。

11月24日　U-18潜艇在试图袭击斯卡帕湾英国皇家海军锚地舰船期间沉没。

1915年

1月1日　　U-24潜艇在普利茅斯附近击沉英国战舰。

S 181

1月29日	第一艘小型单体U型潜艇U-BI服役。
2月4日	德国宣布在英伦三岛战区航行的所有船只都将被击沉，不再进行警告。
3月18日	U-29潜艇及其指挥官奥托·魏迪赓被英国战舰"无畏"号击沉，无一人生还。
4月25日	U-21潜艇离开威廉港，成为在地中海作战的第一艘德国潜艇。
5月7日	英国 "卢西塔尼亚"号轮船在从南爱尔兰沿岸前往利物浦的中途被U-20艇击沉。
5月7日	第一艘布雷艇U-CI服役。
5月27日	U-21潜艇击沉正在进入地中海东岸达达尼尔海峡的英国战列舰"尊严"号。
8月12日	U-14潜艇在地中海东岸达达尼尔海峡附近击沉英国大型运输舰"爱德华"号。
8月19日	U-27潜艇被英国"巴拉郎"号舰艇击沉，幸存者设法逃离沉船，却被英国指挥官下令全部枪杀了。总吨位15800t的阿拉伯客船被U-24潜艇击沉，产生了政治反响。
9月15日	英国E16潜艇击沉U-6潜艇，成为第一艘单独击沉德国潜艇的潜艇。

1916年

2月29日	德国放宽条例规定，使得潜艇指挥官更容易去进攻武装的商船。
3月16日	U-C12潜艇在意大利塔兰托沉没，原因是自带的水雷爆炸过早。
3月24日	U-B29潜艇击沉法国客船"苏塞克斯"号，遭到了国际谴责，潜艇艇长们再次被告诫不要击沉没得到警告的客船。
4月20日	美国威胁如果德国潜艇继续攻击没得到警告的商船，将断绝与德国的外交关系。

5月31日　　英国与德国舰队在日德兰半岛展开激战。

6月6日　　　英国"汉普郡"号巡洋舰被U–75潜艇击沉。

6月14日　　民用潜艇"德国"号离开不来梅前往美国，于7月11日抵达
　　　　　　巴尔的摩，并满载所需要的贵重原材料凯旋归来。

8月19日　　三支潜艇舰队前往北海，执行狼群作战或巡逻任务，目的
　　　　　　是拦截英国舰队，只有少数个别潜艇成功，预期的大规模
　　　　　　战斗并没有实现。

1917年

8月4日　　　U–C44潜艇因为撞上了潜艇U–C42布设的水雷，在爱尔兰
　　　　　　附近海域沉没，后来被英国军队打捞上来。

1918年

9月5日　　　卡尔·邓尼茨上任U–B68潜艇指挥官。

10月5日　　U–B68潜艇在地中海被英国舰艇"金鱼草"号击沉，卡
　　　　　　尔·邓尼茨被俘。

10月28日　U–B116潜艇在试图进入皇家海军斯卡泊湾锚地期间被鱼雷
　　　　　　击沉，这是德国在第一次世界大战中损失的最后一艘潜艇。

10月21日　德国知会美国，德国潜艇将不再攻击他们的船只，第一次
　　　　　　世界大战中的潜艇战走到了尽头。

1919年

6月21日　　德国舰队被凿沉于英国斯卡帕湾皇家海军锚地内。

1934年

3月20日　　德国海军在基尔进行了首次无线电(雷达)测距试验。

1935年

6月15日　　纳粹德国第一艘新潜艇U–1下水。

S 181

6月29日　　　U–I潜艇服役。

1936年

1月1日　　　卡尔·邓尼茨被任命为潜艇司令和潜艇舰队司令。

8月12日　　　第一艘U–VII级潜艇U–27服役。

9月1日　　　第二潜艇舰队成立。

11月20日　　U–18潜艇由于碰撞到一艘T156鱼雷艇而沉没，成为第一次世界大战后德国沉没的第一艘潜艇。

1938年

8月4日　　　第一艘U–IX级潜艇U–37服役。

1939年

3月8日　　　第二次世界大战最成功的潜艇U–48下水。

9月3日　　　英国和法国向德国宣战。

9月14日　　　U–39潜艇被击沉，成为第二次世界大战第一艘被击沉的潜艇。

10月13/14日　U–46潜艇进入英国斯卡帕湾皇家海军锚地击沉"皇家橡树"号战列舰。

1940年

7月7日　　　U–30潜艇成为第二次世界大战期间在法国基地（洛里昂）重新加油的第一艘德国潜艇。

11月19日　　一艘德国潜艇第一次被英国雷达探测到，但最终逃脱。

1941年

3月17日　　　U–100和U–99潜艇被雷达定位后被击沉，标志着潜艇战的转折。

7月2日　　　U–107潜艇在经历最成功的战争巡航之后返回到洛里昂。

8月28日　　　U–570潜艇被捕获，后来成为英国海军"格拉普"号潜艇。

S 181

| 10月 | 高频定向仪（H/FD/F）开始广泛应用。 |

1942年

1月13日	5艘德国潜艇开始进攻美国。
3月14日	第一艘U-IXD2级远程潜艇U-177服役。
8月	配备有十字天线的雷达探测器安装在所有的德国潜艇上。英国皇家空军海岸司令部的飞机也安装了探照灯，成为潜艇的一个重大威胁。
9月12日	"拉科尼亚"号轮船被U-156潜艇击沉。

1943年

2月12日	德国人在鹿特丹附近坠毁的轰炸机里捕获了一台损坏的短波雷达装置。不久，德国启动了一项特殊研究项目，开始对这种新设备进行研究。
3月16/20日	大批德国潜艇发动狼群战术，袭击了SC122和HX229护航舰队，这是有史以来最大的一次护航战斗。
5月23日	U-752潜艇成为第一艘被飞机发射的火箭弹击中而沉没的潜艇。
11月16日	第一艘安装"沃尔特"汽轮机的潜艇U-792服役。

1944年

4月17日	第一艘U-XXIII级潜艇U-2321下水。
5月	潜艇通气管开始使用。
5月12日	第一艘U-XXI级潜艇U-2501下水。
6月4日	U-505潜艇被美国军队捕获。

1945年

| 1月21日 | 艇员克劳森借助一个普通的德尔格呼吸器从水下73m深处成功逃离U-1199潜艇。 |

S 181

5月8日　　　　　U–3503潜艇成为第二次世界大战最后一艘被击沉的潜艇。

1957年

8月15日　　　　联邦德国海军第一艘潜艇"鲨鱼"号服役。
10月1日　　　　联邦德国海军第二艘潜艇"狗鱼"号服役。

1960年

9月1日　　　　 "鲸鱼"号潜艇（Y880）服役。

1962年

3月20日　　　　201级第一艘潜艇U–1（S180）服役。

1965年

10月14日　　　 小型潜艇"汉斯·特塞尔"号（S172）服役。

1966年

4月6日　　　　 小型潜艇"费雷德里希·舒尔"号（S173）服役，由于金
　　　　　　　　属老化于同年12月15日退役。
9月14日　　　　"鲨鱼"号潜艇连同19名艇员沉没。

1971年

9月28日　　　　206级第一艘潜艇U–13下水。

1983年

1月21日　　　　U–26潜艇与一艘游船相撞。

1988年

3月6日　　　　 U–27潜艇意外地冲撞到挪威石油钻井平台，被其系泊锁链
　　　　　　　　缠住。

1992年

6月6日　　U-25潜艇顺利地通过比斯开湾。

1994年

7月6日　　签署建造第一艘212A级潜艇的施工合同。

8月16日　　U-26潜艇完成 4个月的地中海之旅归来，航行了12195
　　　　　　n mile（22000km），通气管状态航行大约330h。

1997年

3月　　　　U-26 和U-17潜艇横渡大西洋到美国水域进行演习，这是
　　　　　　206A级潜艇第一次作出如此长时间的远航。

3月19日　　U-18潜艇从德国航行到地中海，该艇经过英吉利海峡并在
　　　　　　费罗尔和卡塔赫纳补给燃料。

1999年

2月15日　　U-15和U-25潜艇离开德国到美国海域执行第二次任务。

2000年

2月　　　　212A级潜艇的首艇U-31开始建造。

2002年

1月　　　　第二艘212A级潜艇U-32开始建造。

3月20日　　第一艘212A级潜艇U-31在基尔港的HDW船厂下水。

8月　　　　U-17潜艇进行为期四个月远航，前往地中海参加北约演
　　　　　　习。U-18潜艇前往英国达特茅斯参加演习。

10月　　　　第三艘212A级潜艇U-33开始建造。

S 181

2003年

4月7日	有史以来第一艘安装燃料电池推动系统的潜艇U-31，离开基尔港进行首次试航，历时800h。
6月	第四艘212A级潜艇U-34开始建造。
12月4日	第二艘212A级潜艇U-32下水。

2004年

1月11日	U-22潜艇前往地中海演习，U-26潜艇则开往普利茅斯进行国际演习。
3月	U-25、U-17潜艇、"梅尔斯堡"号补给船在斯克罗纳附近与瑞士军队进行第一次鱼雷射击演习。
3月30日	U-31交付给德国海军。
4月	由U-24、U-16潜艇以及远洋拖船"费赫曼"号与"斯皮尔洛格"号组成的训练舰队，前往远东的波罗的海，到达拉脱维亚的里加，进行船员培训。
9月13日	第三艘212A级潜艇U-33下水。

2005年

10月19日	212A级潜艇的首艇U-31和第二艘U-32服役。

2006年

4月22日	德国潜艇档案馆改名为德意志潜艇博物馆。
6月13日	第三艘212A级潜艇U-33服役。
7月6日	德国与以色列签署协议，向其出口两艘"海豚"级潜艇，计划2010年服役。
9月22日	德国签署第二批2艘212A级潜艇采购合同。

S 181

2007年

5月3日   第四艘212A级潜艇U–34服役。

8月21日   德国海军第二批212A潜艇中的第一艘在蒂森·克虏伯海事
             系统公司的HDW船厂举行开工仪式。

2008年

5月29日   德国潜艇在水下成功试射了一枚光纤制导的"潜射交互式
             防御和攻击系统"（IDAS）防空导弹，这是德国在水下战
             领域达到了一个新高度的重要里程碑。

7月15日   德国为葡萄牙海军建造的新型209PN潜艇首艇"三叉戟"
             号在HDW船厂下水。

7月22日   德国HDW船厂获得一份价值约40亿美元的合同，为土耳其
             建造6艘214级潜艇。

2009年

1月   德国HDW船厂与韩国签订第二批6艘214级潜艇的采购合
             同。

7月   德国蒂森·克虏伯集团的HDW船厂与海上力量国际公司签
             订合同，共同为土耳其海军6艘214级潜艇提供所需的材料
             和设备。

10月12日   以色列海军要求德国政府能够至少资助全部7.5亿美元采购
             费用中的一部分，来建造第六艘"海豚"级潜艇，该艘潜
             艇采用AIP系统。

S 181